面向订单的煤场配煤优化问题研究

屈国强 著

中国矿业大学出版社

图书在版编目(CIP)数据

面向订单的煤场配煤优化问题研究/屈国强著. —
徐州：中国矿业大学出版社，2018.10
ISBN 978-7-5646-4221-1

Ⅰ.①面… Ⅱ.①屈… Ⅲ.①煤炭企业—供应链管理—研究—中国 Ⅳ.①F426.21

中国版本图书馆CIP数据核字(2018)第253537号

书　　名	面向订单的煤场配煤优化问题研究
著　　者	屈国强
责任编辑	满建康
出版发行	中国矿业大学出版社有限责任公司 (江苏省徐州市解放南路　邮编221008)
营销热线	(0516)83884103　83885105
出版服务	(0516)83995789　83884920
网　　址	http://www.cumtp.com　**E-mail**:cumtpvip@cumtp.com
印　　刷	江苏凤凰数码印务有限公司
开　　本	850×1168　1/32　**印张** 4.25　**字数** 111千字
版次印次	2018年10月第1版　2018年10月第1次印刷
定　　价	30.00元

(图书出现印装质量问题，本社负责调换)

前 言

我国是一个多煤少油的国家。随着中国改革开放和经济的可持续发展，能源消耗量日益增多，使得我国能源供应长期趋紧。日益激烈的市场竞争要求煤炭企业必须建立一条集成、高效、优化的“供应商—煤炭企业—客户”供应链，实现从职能管理到流程管理的转变，以提高煤炭供应链管理的效率和水平。

我国煤炭供应链大多以煤炭供应商为核心。煤炭供应商将煤矿采掘出来的原煤分选加工成精煤，使用户高效使用煤炭。但由于各个煤矿采掘分选的精煤质量指标差异较大，要经过配煤加工，才能满足客户不同的需求。近年来，我国环境保护要求日益提高，煤炭及其他不可再生能源逐渐减少，发展煤炭高效清洁利用技术特别是配煤技术是一个趋势。

本书对煤炭的性质和工业分类进行了简单介绍，并对于配煤优化问题研究现状进行了简明综述。在建立了配煤优化问题的数学模型的基础上对其计算性质进行了探讨，然后采用穷举法对面向订单的煤场配煤优化问题的可行解空间及其成本分布进行了探讨。进而设计了两种改进的模拟退火算法达到快速求解的目的。为使优化算法多样性，又采用粒子群优化算法继续改进。结合问题特点，对粒子采用二进制进行编码，为确定掺配煤种，提出了两种方式来离散粒子位置值。建立了反映煤炭开采、分选加工、运输等主要环节的煤炭供应链 SCOR 模型，其中，第一层建立煤炭供应链包括计划、采购、配送和退货的流程模型，第二层建立煤炭供应链每一种流程的计划、执行和支持的详细类别模型。

本书是在河南省政府决策研究招标课题(2015B117)、河南省教育厅人文社会科学研究项目(2013-GH-039)、河南省教育厅科学技术研究重点项目软科学计划项目(14B630009)、河南理工大学博士基金项目(SZB 2013-34)中的部分研究成果基础上扩展编写而成的。

由于作者水平所限，书中不足之处在所难免，恳请广大读者批评指正。

作者

2018 年 9 月

目　录

1 绪　论

1.1 研究背景

煤炭是世界储量最丰富的化石燃料，也是电力和工业部门重要的能源来源。我国是当今世界上最大的煤炭生产国，也是最大的煤炭消费国。《2017—2022年中国能源行业市场前景及投资机会研究报告》显示，2016年我国全年能源消费总量43.6亿t标准煤；从不同种类能源来看，煤炭消费量占全国能源消费总量的62%，石油消费量占18.3%，天然气消费量占13.3%，一次电力及其他能源占6.4%。同时，我国的能源资源的特点是富煤、贫油、少气，这就决定了煤炭在我国的能源生产和消费中的主体地位在短期内不会改变，未来很长一段时间仍将是我国能源的主力。

我国煤炭资源十分丰富，分布广泛但很不均衡。我国煤炭资源分布较为集中，昆仑山—秦岭—大别山以北地区已发现煤炭资源占全国的90.29%，且主要集中在山西、陕西、宁夏、河南及内蒙古中南部地区；昆仑山—秦岭—大别山以南地区发现煤炭资源只占全国的9.65%，主要集中在云南、贵州、四川三省。

与煤炭资源的分布范围相对应，煤炭生产地集中于山西、内蒙古、陕西、新疆、贵州和宁夏等中部和西部地区，保有储量4.19万亿t，约占全国储量的87.1%，并且各地煤炭种类以及硫分、灰分、挥发分等煤质指标的差异较大，很少有单种煤的性能可以完全满足不同的煤炭用户的需求。煤炭消费地则集中在经济发达、工业产值高的北京、天津、河北、辽宁、山东、江苏、浙江、福建、广东等地区。因此，可以说煤炭的生产与消费地域极不协调，煤炭资源在地理上分布不平衡，呈现出“西多东少、北多南少”的特点，造成了我国煤炭的生产地与消费地呈逆向分布，形成了北煤南运、西煤东运的煤炭输送格局，大量煤炭需要经过铁路、公路和海路的长距离运输。此外，受煤矿产煤质量及煤炭运输部门运力调配等因素影响，用户需要煤种与接受煤种差别较大。例如，实际运行中的燃煤设备通常无法得到符合设计要求的燃料，导致燃煤设备运行的安全性和可靠性降低，热能利用率下降，污染物排放超标。在我国能源结构短期内不会发生重大改变的情况下，解决上述几个问题的最有效途径之一就是大力发展和采用动力配煤技术。动力配煤是对不同来源、不同性质的煤炭进行筛选、破碎，按照科学的比例掺配，改变原有煤种的物理和化学特性以及燃烧和排放特性，提高劣质燃料的品位，减少高污染排放煤种的污染物，改善易结渣煤种的结渣特性，从而提高成品煤的品质和燃烧效率，达到煤炭综合利用的目的。最终为各类锅炉用户提供品种对路、质量稳定的燃料，提高各种用煤设备的效率，节约煤炭，减少污染，提高效益。近年来，动力配煤作为一种控制入炉煤质量的重要手段，以其高效率、低污染等特点在我国得到了迅速的发展。

1.2 研究意义

我国的煤炭产地大多分布在山西、陕西、内蒙古、河南等地，不同地区的煤种与煤质差异加大。而煤炭用户分布在全国各地，主要集中在东南沿海地区，对煤质的要求各不相同，单一煤种远远不能满足用户生产需求及工艺要求。因此，需要通过配煤来满足我国能源需求，解决煤炭生产地域、生产品种与需求地域、需求品种之间的矛盾；满足煤炭消费终端对煤质稳定性和均匀性的要求，满足燃煤用户环保要求，缓解区域环保压力。但如何认识配煤与各组成单种煤主要指标之间的关系，直接决定了所建立的配煤优化的数学模型及其后续配煤比例的计算。

目前，关于配煤优化的数学模型有 3 种不同的观点。第一种观点认为配煤与各组成单种煤的主要指标之间存在线性加权关系；第二种观点认为配煤与各组成单种煤的主要指标之间具有复杂的非线性加权关系；第三种观点认为配煤与各组成单种煤的主要指标之间的线性与非线性加权关系尚不明确。因此，应先从理论上进行深入的研究，搞清配煤与各组成单种煤的主要指标之间是否存在线性与非线性加权关系，在何种情况下可以简单地认为两者之间呈现线性加权关系，在何种情况下必须以非线性加权关系呈现两者之间的关系。在此基础上，进一步探讨优化配煤的数学模型。沿着这条主线进行研究，一方面可以推动配煤理论的发展，另一方面也可以使煤炭满足用户需求、提高煤矿经济效益，具有比较重要的理论意义和实践价值。

煤炭要经过开采、分选加工、长途运输等诸多环节才能到达消费用户，煤炭供应链是连接煤炭生产与消费的重要桥梁。煤炭资源是煤炭供应链的源头，是煤炭安全稳定供应的基础；煤炭生产是煤炭供应链的上游环节，对煤炭供应保障具有重要影响；煤炭运输、中转衔接生产和消费，是煤炭安全供应的中间环节；煤炭消费是煤炭供应链的终端环节，煤炭消费的波动也会影响煤炭供应链的正常运行，影响煤炭供应保障。煤炭在我国一次能源消费中占主导地位的格局将长期保持不变，煤炭的稳定供应对我国经济平稳运行影响重大，煤炭供应链的和谐、高效、平稳运行则是重中之重。因此，为了很好地描述、分析和设计煤炭供应链各节点生产和运作活动及其关系，借助供应链建模、评价通用的重要工具 SCOR 模型，建立反映煤炭供应链的 SCOR 模型，以此助推煤炭供应链流程构建、绩效评价、流程仿真与优化，助推煤炭企业信息化建设，助推煤炭企业管理效率提升。

1.3 研究内容

日益激烈的市场竞争要求煤炭企业必须建立一条集成、高效、优化的“供应商—煤炭企业—客户”供应链，实现从职能管理到流程管理的转变，以提高煤炭供应链管理的效率和水平。同时，为满足不同客户多样化的需求，需要煤炭企业紧密协作、扬长避短，发挥煤炭产品品种全、质量优、数量足的优势，通过在远离矿井等生产区域的营销中心煤场配煤，迅速生产出满足客户特定需求的“新煤种”，以实现产品销售的经济效益和社会效益。

为此，本书在第 2 章对煤炭的性质和工业分类简单介绍的基础上，第 3 章对于配煤优化问题研究现状做了简明综述。煤炭的水分、灰分、挥发分、硫含量、发热量、灰熔点等是评价动力煤质量的主要指标。这些指标之间相互联系，是动力配煤优化的基础和主要依据。第 3 章从配煤与各组成单种煤的主要指标之间存在线性加权关系、具有复杂的非线性关系、关系尚不明确三种观点进行阐述。

第 4 章建立了配煤优化问题的数学模型，然后对其计算性质进行了探讨。研究发现,可以把面向订单的配煤优化问题归结为三维易碎物品的多背包问题,表明其求解性质是NP-难的。因此,在配煤现场复杂、多变、生产线自动化程度高等情形下,精确的、耗时长的求解算法就不能够满足实际工作的需要,就需要探讨在实际工作中切实可行的、求解速度快的、非精确求解的启发式算法。

为此,首先在接下来的第5章采用穷举法对面向订单配煤优化问题的可行解空间及其成本分布进行了探讨。然后,在第6章设计了两种改进的模拟退火算法达到快速求解的目的。从10种煤中选取3种煤的掺配的数据进行试验。为使优化算法多样性,第7章采用粒子群优化算法继续改进。结合问题特点,对粒子采用二进制进行编码,为确定掺配煤种,提出了两种方式来离散粒子位置值。一是依据粒子不同维度的位置值进行排序而后离散,二是在肯尼迪提出的依据粒子速度函数的概率来离散粒子位置值的基础上进行了改进。

第8章建立了煤炭供应链SCOR模型。原煤须经分选加工、配煤、运输后,才能被用户高效使用,其中配煤是煤炭供应链各环节业务高度集成的关键节点。我国煤炭供应链大多以煤炭供应商为核心,为很好地描述、分析和设计煤炭供应链各环节节点生产和运作活动及其关系,建立反映煤炭开采、分选加工、运输等主要环节的煤炭供应链SCOR模型。其中,第一层建立煤炭供应链包括计划、采购、配送和退货的流程模型,第二层建立煤炭供应链每一种流程的计划、执行和支持的详细类别模型。

第9章对本书研究内容进行了总结,指出本书研究的不足与下一步的研究方向。

2 煤的性质及工业分类

由于成煤的原始物质、生成环境以及所受的变质作用不同，煤的种类很多，其物理性质和化学组成也有差别。性质不同的煤炭在工业上的用途是不同的。因此，研究煤的性质，正确地对煤进行分类，是合理开发煤炭资源的重要前提[1]。

2.1 煤的性质

2.1.1 煤的物理性质

煤的物理性质包括光泽、颜色、硬度、脆度、容重和导电性等。煤的物理性质与煤中所含杂质有关，成分相同的煤的物理性质是随变质程度而改变的，见表 2-1。

2.1.2 煤的化学组成

煤的化学组成主要包括有机物质和无机物质两大类。有机物质是煤的主要组成部分，它包括碳、氢、氧、氮和有机硫，还有少量磷等；无机物质包括无机矿物质和水分。煤的化学组成绝大多数是煤中的有害成分，不利于煤的加工利用。

表 2-1　　煤的主要物理性质变化表

<table>
<tr><th colspan="2">变质程度</th><th>光泽</th><th>颜色</th><th>硬度</th><th>脆度</th><th>容重
/(t/m³)</th><th>导电性</th></tr>
<tr><td colspan="2">褐煤</td><td>光泽暗淡
沥青光泽</td><td>褐色
黑褐色</td><td>2.0～2.5</td><td rowspan="3">脆度较小，有一定韧性</td><td>1.05～1.2</td><td rowspan="8">不良导体，导电性随变质程度增加而增加</td></tr>
<tr><td rowspan="7">烟煤</td><td>长焰煤</td><td>沥青光泽</td><td>褐黑色</td><td rowspan="2">2.8</td><td rowspan="7">1.2～1.4</td></tr>
<tr><td>气煤</td><td>强沥青光泽
弱玻璃光泽</td><td rowspan="4">黑色</td></tr>
<tr><td>肥煤</td><td>玻璃光泽</td><td>2.6</td><td rowspan="4">最大</td></tr>
<tr><td>焦煤</td><td rowspan="2">强玻璃光泽</td><td>2.5</td></tr>
<tr><td>瘦煤</td><td rowspan="2">2.6</td></tr>
<tr><td>贫煤</td><td>金属光泽</td><td>黑色
黑灰色</td></tr>
<tr><td colspan="2">无烟煤</td><td>似金属光泽</td><td>灰黑色
钢灰色</td><td>3.5～4.0</td><td>最小</td><td>1.35～1.8</td><td>良好</td></tr>
</table>

下面介绍几种对煤质影响较大的主要化学元素。

(1) 碳。碳是煤中有机物质的主要成分，是最主要的可燃物质。每克碳燃烧能发出 34 080.5 J 的热量。煤中碳的含量越高，发热量越大。碳的含量随变质程度的增加而增加，从泥炭到无烟煤碳含量从 50%增加到 90%以上。

(2) 氢。氢是煤中重要的可燃物质，燃烧时每克氢发热量为 143 188.5 J。煤中含氢量随变质程度增加而减少。

(3) 氧。氧是煤中的不可燃物质。煤中含氧量随变质程度增加而减少。

(4) 氮。煤的含氮量较少，仅为 1%～3%。煤燃烧时氮呈游离状态逸出，不产生热量。在炼焦过程中，氮能转化成氨及其他含氮化合物。

（5）硫。硫是煤中的有害物质。煤燃烧时硫与氧化合成二氧化硫，它能腐蚀锅炉、管道，污染空气并危害人的健康；炼焦煤中的硫能部分转入焦炭中，然后再转入铁中，会降低焦炭和钢铁质量。焦炭中含硫量每增加1%，炼铁时焦炭消耗量就要增加18%～24%，熔剂消耗量增加20%，并使高炉生产率降低20%。因此，国家规定炼焦用煤含硫量不超过1%。

（6）磷。磷也是煤中的有害成分。煤中的磷全为无机磷。焦炭中含磷量过高，不仅增加炼铁时熔剂、焦炭的消耗量，导致高炉的生产率降低，而且严重影响钢铁的质量，使钢铁出现冷脆现象。因此，国家规定炼焦用煤含磷量不得超过0.01%。我国煤中的含磷量一般为0.01%～0.1%，最高不超过1%。

2.2 煤的工业分类

2.2.1 常用的煤质指标

评价煤质的主要指标包括水分、灰分、挥发分、胶质层厚度、发热量、含矸率以及硫和磷的含量等。

（1）水分M。煤中含有一定的水分。煤中的水分根据存在状态又分为内在水分（吸附或凝聚在煤内部毛细孔中的水分）和外在水分（在煤的开采、储运、分选过程中存留在煤表面的水分）。内在水分和外在水分的总和称为全水分，用符号M_t表示。煤中的水分会降低煤的发热量。因此，国家规定煤炭的全水分为煤炭产品的质量指标之一。

（2）灰分A。灰分是煤完全燃烧后的固体残渣，是不可燃的废料。灰分增加将使煤的发热量降低，造成炼铁过程中煤的消耗增加，使生产率下降，因此灰分对煤的使用价值影响很大，灰分过高的煤可能成为没有开采价值的灰质岩石。

(3) 挥发分 V。挥发分是在隔绝空气的条件下，煤在高温下有机质分解出来的气态物质。挥发分是评价煤质和进行煤炭分类的重要依据。在测定挥发分时采用无水无灰煤样，以排除水分、灰分的影响。挥发分用符号 V 表示。挥发分是一种重要的化工原料，可以用来制造染料、塑料等化工产品。

(4) 发热量 Q。发热量是指单位质量的煤完全燃烧时放出的热量，又称热值，是煤质的重要指标。

(5) 胶质层厚度 Y。凡是有黏结性的煤在密闭的条件下加热到一定温度，煤中有机质开始分解软化，形成胶质体，最后结成块状焦炭。在炼焦过程中，黏结性越强的煤产生的胶质层越厚。因此，胶质层厚度的大小可以反映煤的黏结性的强弱，是煤的重要分类指标之一。

(6) 含矸率。含矸率是指矿井开采出来的煤炭中大于 50 mm 的矸石量占全部煤量的百分率。含矸率是反映矿井生产过程中技术管理和质量管理好坏的重要指标。

2.2.2 煤的工业分类

煤的工业用途很广，各工业部门对煤质均有特殊的要求，而各地所产的煤种很多，性质差别很大。因此，要使煤炭资源得到合理开发和充分利用，就必须对煤进行工业分类。

按照工业用途，煤可以分为动力煤、化工用煤、炼焦用煤等几类；按照煤的变质程度和结焦性能，我国现行的工业分类是以炼焦煤为主的分类方案，分类指标主要是干燥无灰基挥发分 V_{daf}(%)、

黏结指数 G、胶质层厚度 Y(mm)、奥阿膨胀度 b(%)、低煤阶煤透光率 P_M(%)和恒湿无灰基高位发热量 $Q_{gr,maf}$(MJ/kg)。表 2-2 为中国煤炭分类简表。

表 2-2　　中国煤炭分类简表

类别	代号	编码	分类指标					
			V_{daf} /%	G	Y /mm	b /%	P_M /%	$Q_{gr,maf}$ /(MJ/kg)
无烟煤	WY	01,02,03	≤10.0					
贫煤	PM	11	>10.0～20.0	≤5				
贫瘦煤	PS	12	>10.0～20.0	>5～20				
瘦煤	SM	13,14	>10.0～20.0	>20～65				
焦煤	JM	24 15,25	>20.0～28.0 >10.0～28.0	>50～65 >65	≤25.0	≤150		
肥煤	FM	16,26,36	>10.0～37.0	(>85)	>25.0			
1/3 焦煤	1/3JM	35	>28.0～37.0	>65	≤25.0	≤220		
气肥煤	QF	46	>37.0	(>85)	>25.0	>220		
气煤	QM	34 43,44,45	>28.0～37.0 >37.0	>50～65 >35	≤25.0	≤220		
1/2 中黏煤	1/2ZN	23,33	>20.0～37.0	>30～50				
弱黏煤	RN	22,32	>20.0～37.0	>5～30				
不黏煤	BN	21,31	>20.0～37.0	≤5				
长焰煤	CY	41,42	>37.0	≤35			>50	
褐煤	HM	51 52	>37.0 >37.0				≤30 >30～50	≤24

2.3 本章小结

煤炭是重要的工业原料和动力来源。为合理开发和利用煤炭资源，本章对于煤炭的性质、化学组成以及评价煤质的主要指标、煤的工业分类等内容进行了简要介绍，为后文的研究打下基础。

3 配煤优化问题研究现状

我国的煤炭产地大多分布在山西、陕西、内蒙古、河南等地，不同地区的煤种与煤质差异较大。而煤炭用户分布在全国各地，对煤质的要求各不相同，单一煤种不能满足用户的生产需求及工艺要求。因此，需要采用配煤解决这个问题。配煤的基本原理是利用不同煤种各自组成成分、物理和化学性质的差异，相互“取长补短”，使最终配出的混合煤在性能指标上达到“最佳状态”，以满足用户对煤质的要求[2]。动力配煤是根据用户对煤质的特定要求，从多种性质不同的煤中，选取几种后按照一定比例掺配加工而成的混合煤，主要为锅炉等提供动力。

近年来，大型煤炭企业为了及时响应市场变化，纷纷在经济发达地区设立煤炭储配销售中心。煤炭用户订货以后，原煤在选煤厂分选加工后运往用户端，或在选煤厂用库存原煤、库存精煤和实际生产的分选精煤配煤后运往用户端。另外，也可以把生产的各类分选精煤先运到经济发达地区的煤炭储配销售中心，待用户订单确定以后，用库存的包括外购的各类分选精煤进行配煤后销售。这样，可以充分发挥煤炭储配销售中心库存规模大、品种多的优势，迅速响应各类煤炭用户的需求，增强企业的市场竞争能力。销售部门为缓解煤炭供需矛盾，也经常采取配煤销售以扩大销路。配煤可以起到节约能源、保护环境、现代物流、战略仓储的作用，使煤炭得到科学、合理的利用，从而达到节约资源的目的[3]。

煤炭分选只能降低煤中的灰分、无机硫等，提高发热量，而无法改变挥发分、有机硫等指标，因此只有配煤才能改进上述指标，满足用户对于煤质的特定要求，充分发挥煤炭的潜能[4]。配煤可以提高和稳定动力煤质量、满足用户要求，提高锅炉热效率、节约煤炭资源，同时也可以减少污染物排放以保护环境。配煤已经成为合理利用现有煤炭资源的一个发展趋势，并可带来巨大的经济效益和社会效益[5]。因此，对配煤进行深入研究，一方面可以推动配煤理论的发展，另一方面也可以满足用户需求、提高经济效益，具有比较重要的理论意义和实践价值。

3.1　储煤形式与配煤工艺

3.1.1　储煤形式

目前，我国的储煤形式主要包括 4 种，即圆形储煤场储煤、条形储煤场储煤、圆筒仓储煤及气膜储煤场储煤[6]。

(1) 圆形储煤场。圆形储煤场主要分为栈桥落煤和堆取料机两种：栈桥落煤式投资较小，但需要推土机辅助作业，自动化程度较低，运行成本相对较高；相较而言，堆取料机式更加先进，这类储煤场多用于中小型配煤厂或火电厂。

(2) 条形储煤场。一般沿海港口多选用条形储煤场，这种储煤场原来主要采用露天堆放方式，在环保要求不断提高的情况下，其逐渐变成半封闭式或封闭式。封闭式条形储煤场分为两种，分别是栈桥落煤式和堆取料机式：栈桥落煤式投资相对较小，料场利用率高，但需要推土机辅助作业，自动化程度低，粉尘量大，且除尘比较困难；堆取料机式自动化程度高，运行成本低，但投资较大，料场利用率较低。

(3) 圆筒仓。大型圆筒仓拥有不同的规格，筒仓直径一般为22 m、25 m、30 m 等，单仓容量在1万～5万 t 之间。这种储煤场占地面积小，运行费用少，且能实现全封闭存储，环保效果好；但单仓容量相对较小，工程造价较高。它一般适用于小型配煤厂，或者用于大型配煤厂的精配作业。

(4) 气膜储煤场。气膜储煤场是近年开发的新型储煤建筑，采用膜结构配以合适的钢缆系统，在膜结构内充气后可做成封闭空间，其最大跨度可以达到 180 m。这种储煤场的基础造价和土建投资较少，可以缩短施工时间，但需要两套压风系统不间断地向气膜结构内供风，运行成本较高。

3.1.2 配煤工艺

(1) 床混式配煤工艺

床混式配煤就是按照来煤煤质的不同，将其分层堆放在一起，取煤时通过取料机纵向取料。在堆煤时来煤可以采用 3 种方法堆放，即人字形堆料法、圆锥形堆料法和波浪形堆料法。

① 人字形堆料法是将堆料点设在矩形料场的纵向中心线上，堆料机沿着料场的纵向，在两端之间连续往复行走，从而形成横截面为人字形的料堆，取料时取料机从截面获取。

② 圆锥形堆料法按照料场纵向依次堆放不同料堆，需要煤炭时取料机从侧面沿着料场纵向往返取料。

③ 波浪形堆料法类似于“叠罗汉”，先堆放在底层的条形料带，再依次往上逐层叠加，最终形成截面为窗口形的条形煤堆，需要取料时取料机从截面取煤。

(2) 带混式配煤工艺

带混式配煤就是通过取料设备将不同的掺配煤通过带式输送机在输送过程中混合,并经多次转载、跌落后混匀。带混式配煤工艺常用于大型储配煤场,是目前应用比较成熟的配煤工艺。

(3) 仓混式配煤工艺

原料煤由原料煤堆场的带式输送机转载给进仓带式输送机,再由仓顶布料机分配给各配煤仓;根据需要开启仓下给料机,成品煤经称重皮带精确称量后给入配煤仓底带式输送机,最终通过出仓带式输送机运出。仓混式配煤工艺是在对传统配煤工艺总结、发展与创新的基础上研发的一种精确配煤工艺。与其他两者相比,仓混式配煤工艺的控制精度、自动化程度更好。

3.2 配煤

配煤是指根据用户对煤质的要求,将若干种不同质量的煤炭按照一定的比例加工混配,利用不同种类煤炭在性质上的差异,取长补短,使配出的煤炭在综合性能上达到最优状态。其工业过程一般是通过配煤专家系统,结合各单种煤质量指标及用户对产品质量的具体要求,基于在线检测反馈适时调整配煤比例,通过控制系统执行配比来完成的。这个问题的关键在于确定各单种煤在配煤中的配比。

目前,关于配煤的研究主要包括选煤厂配煤、销售配煤、动力配煤、水煤浆配煤、炼焦配煤等,选煤厂配煤和动力配煤都可以通过增加或减少煤质指标的约束条件归入煤场销售配煤。目前,对于优化配煤的研究主要集中在动力配煤、炼焦配煤和选煤厂配煤三个方面。

3.2.1 动力配煤

动力配煤是根据用户对煤质的要求，将若干不同种类、不同性质的煤按照一定比例掺配而成的混合煤。它虽具有各单种煤的某些特征，但综合性能已发生改变，实际上是一种人为加工而成的“新煤种”。

动力配煤可使配煤的质量稳定，克服单种煤质量随采煤工作面地质条件的变化而改变的缺点，只需在配煤时调整各单种煤的配比，其热值、硫分等指标便可满足用户要求。

动力配煤作为我国电力行业普遍采用的一种高效净煤技术[7]，可以将不同类别、不同品质的煤经过筛选、破碎和按比例混合等过程，改变其物理、化学和燃煤特性，实现煤质互补、产品结构优化，从而达到减少污染物排放以及提高煤炭资源利用率的目的。

3.2.2 炼焦配煤

对于炼焦配煤而言，因为各地的煤炭资源、煤质情况、炼焦工艺和焦炭质量要求不同，为了选择合适的煤种进行炼焦，需要综合考虑上述各种因素。对于不同的炼焦煤，有的可以单独炼焦，有的需要通过分选降低灰分、硫分的含量才能满足要求，而有的煤则必须通过与其他煤种配合才能满足要求。对炼焦用煤的煤质评价，主要包括煤的可选性评价、黏结性与结焦性评价和煤的岩相分析等。

灰分和硫分是煤和焦炭中的有害杂质。炼焦过程中，煤中的灰分全部转入焦炭中，而煤中的硫分也大部分转入焦炭中。因此，为了降低焦炭中有害杂质的含量，应该从源头上进行控制。目前主要通过炼焦煤的分选来降低其有害杂质含量，从而满足配煤炼焦的要求。

煤的分选就是通过一定的方法，按照精煤与矸石在物理和化学性质上的差别，使混杂在煤中的矸石、黄铁矿、夹矸煤等与精煤分离的过程。

煤的可选性是指对煤炭进行分选加工时，按要求的质量指标从原煤中分选出精煤产品的难易程度，煤的可选性是选煤工艺研究和选煤厂设计的主要依据。通过对煤的可选性的研究，可以了解该种煤分选的难易程度，并可估计不同质量煤炭产品的灰分和产率。易分选的煤可以得到灰分低、产率高的精煤，难分选的煤不仅精煤灰分高、产率低，而且分选过程的损失也大。炼焦用煤对灰分和硫分有一定的要求，因此必须使用经过分选的精煤。炼焦煤的可选性往往可以决定它们在配合煤中的可用性及其配入量的大小。影响煤的可选性的因素主要包括煤岩组成以及煤中含硫矿物质的数量、种类、性质和分布状态等。

炼焦配煤的原理是建立在成焦机理基础上的。成焦机理可归纳为三类：第一类是以烟煤的大分子结构及其热解过程中由于胶塑性体的形成，使固体煤粒黏结的塑性成焦机理；第二类是基于煤的显微组分的差异，煤粒分为有黏结性的活性组分和无黏结性的惰性组分，煤粒间的黏结是在接触表面上进行的，称为表面结合成焦机理；第三类是中间相成机理，它认为成焦过程就是随着煤的热解，中间相在各向同性胶质塑形体中的长大、融和并固化的过程。对应上述三种成焦机理，派生出相应的三种配煤原理，即胶质层重叠原理、互换性原理和共碳化原理[8]。

在研究现状方面，文献[9]指出炼焦配煤的主要质量指标包括水分、灰分、硫分、炼化度、黏结性、细度、膨胀压力、煤岩组成及磷含量等，认为炼焦配煤是一个复杂的工业生产过程，很难用数学模型来描述单种煤质量、配煤比与配合煤之间的关系，提出由专家系统、基于知识的规则模型和解析的数学模型进行综合集成完成配煤比的定量计算，但配煤质量预测采用了单种煤指标加权再加修正的方法。文献[10]指出配合煤质量预测是一个多元线性函数，而结焦过程呈现出一种非线性函数关系，采用神经网络预测焦炭的质量后采用遗传算法优化配煤。文献[11]认为从单种煤到配合煤的过程仅发生了物理变化，由单种煤质量指标与配比的加和性运算可预测配合煤质量，采用神经网络预测焦炭的质量后采用模拟退火优化配煤。除此以外，文献[12]也认为从单种煤到配合煤的过程仅发生了物理变化，由单种煤质量指标与配比的加和性运算可预测配合煤质量，可采用嵌入差分进化的粒子群算法求解。

3.2.3 选煤厂配煤

如果原煤来自几个矿井或几个煤层，由于煤的牌号不同或可选性差异悬殊，或其轻成分中含硫分相差较大时，则需要考虑是配(混)合入选，还是分组入选。

对于不同牌号的原煤，或牌号相同但可选性差异显著或其轻成分中含硫分相差较大的煤，如井下能做到分采、分运，且其产量比例适应，可考虑将可选性分相近或含硫分相近的煤混合在一起，然后分别在不同的系统里分选，或在同一系统不同的时间内轮选，以按照不同的分选制度，得到较好的分选结果，达到最佳的分选指标。

将同一种牌号煤始终在一个分选设备系统里连续进行分选，而另一种牌号煤则在另一个分选设备系统里进行分选，并将产品分别储存或装车，称为分组入选。将不同煤种的入选原煤按时间前后，分别轮流在同一分选设备系统里进行分选，其选后产品也要分别储存或装车，称为轮换入选。

分组入选的缺点是分组后，各组含量可能相差悬殊，入料不稳定，流程作业系统复杂，需增加存储设施，厂内基建和生产费用高，生产管理困难。因此，应进行技术经济比较，确定是否进行分组入选，除十分必要外，一般不采取分组入选。

为使入选原煤质量稳定，改善分选指标，提高精煤回收率，将几种不同性质的原料煤按一定比例进行配（混）合后再进行分选，称为煤的配（混）合入选。煤的配（混）合入选有以下几种情况：① 当各入选原煤的煤质特征相近且混合后的煤质特征变化不大时，应考虑采用配（混）合入选。② 有时两种不同牌号的煤，按不同比例配合后，能生产出具有更适用的可燃体挥发分和胶质层厚度的产品煤，经试选后证实确实可行，这时也可考虑将两种不同牌号的煤按试选比例配（混）合入选。③ 煤种相同或基本相同，其可选性有较大差异，或粒度组成、含矸量变化较大的入选原煤，经过煤质均匀化作用进行均混后，再进入分选过程。④ 各组煤硫分相差悬殊，也可经配（混）煤后配（混）合入选，以求获得一种平均硫分（在要求范围内）的产品煤。

配（混）合入选的意义在于：① 充分发挥分选设备的能力，节省建厂工程量及资金；② 保证入选原煤数量均匀，减少停产时间；③ 有利于产品质量稳定；④ 可节省投资[13]。

在研究现状方面，文献[14]给出了一个混煤与单种煤特性参数之间的线性关系函数。文献[15]考虑了运输工具到达时间、生产速度以及精煤等的产率，提出库存原煤、库存分选精煤和实际生产的分选精煤三产品配煤模型，采用自适应遗传算法求解。文献[16]在遗传算法中嵌入模拟退火求解类似问题。文献[17]研究表明配煤的灰分、硫分和黏结性指数符合线性可加性，用石壕分选精煤和义海煤按不同的比例进行配煤销售，利润显著提高。文献[18]认为配煤与各组成单种煤的主要指标之间存在复杂的非线性关系，难以用传统的数学方法建立精确的配煤指标预测数学模型，因而采用 Elman 神经网络预测选煤厂配煤的主要指标，在 18 种单种煤中选取 3 种煤掺配、以 1%精度进行配煤试验，效果较好。在进行掺混的单种煤品种数量方面，文献[19]指出实际生产中常选择 3～4 种单种煤掺混，过多则毫无意义。

3.2.4 水煤浆配煤

水煤浆是一种新型煤基代油清洁燃料，在煤的气化等洁净煤技术上具有重要应用。它是 60%～70%的煤粉和 30%～40%的水及少量添加剂组成的悬浮分散体系，具有低污染、易泵送、燃烧效率高等优点。煤质因素对水煤浆的性质有很大影响，水煤浆的制备对煤种的选择有一定的要求，如何扩大制浆用的煤种范围，特别是采用难制浆的煤种制得高浓度、低黏度、流动性好的水煤浆一直是人们关注的问题。配煤则是一种能改善难制浆煤的成浆性能、扩大制浆煤种的简易而又经济的方法。水煤浆作为新型煤基流体燃料，具有良好的流动性与稳定性，是一种良好的以煤代油的煤基洁净燃料，它能够广泛地应用于工业锅炉、工业窑炉和电站锅炉[20]。同时，为缓解采用单一煤种带来的风险，需要多种来源不同的煤种配煤。

在研究现状方面，文献[21]将水煤浆配煤优化问题转化为水煤浆生产成本和性能的多目标优化问题，采用最小二乘支持向量机训练后建立优化模型、多目标微分进化算法寻找非劣可行解，对目标函数构造相应的隶属度函数来判断趋近最优解的程度以选取满意解。文献[22]采用类似的方法对此问题进行了研究。文献

[12]认为化肥厂水煤浆配煤的水分、灰分、挥发分、硫分等符合线性可加性，以成本最小化为目标，建立了包括水分、灰分、挥发分、硫分、灰熔点等约束条件在内的优化模型，采用嵌入差分进化算法的预交叉差分进化粒子群算法求解，但算法设计和算例中并没有考虑选择几种单种煤进行掺配的问题。

3.2.5　销售配煤

提高效率和减少污染，使煤炭成为洁净、高效、可靠能源的洁净煤技术是我国煤炭资源发展的必经之路。配煤销售可以充分利用库存煤炭简化选煤厂的生产组织，提高对客户需求的响应速度，增加经济效益，是煤炭成为洁净、高效能源的洁净煤技术重要研究内容。

近年来，随着优化技术以及工程技术的发展，配煤工作有了非常显著的进步。同时，也存在一些问题，如配煤的煤质指标与各单种煤煤质指标之间的关系，以及配煤计算的“难”或“易”的性质等仍需进一步研究。可以预见，随着环境保护要求的日益提高，以及煤炭及其他不可再生能源的逐渐稀缺，煤炭高效清洁利用技术特别是配煤技术将有一个大的发展。

在此基础上，众多学者和研究人员对于煤场配煤优化进行了深入研究。

在研究现状方面，文献[23]对于煤场配煤问题，将输送时间最短、精煤消耗量最小、灰分误差最小作为约束条件，运用加权平均将上述约束条件转化为单目标函数，采用协同量子粒子群寻优。文献[24]以平顶山煤业集团配煤销售为研究背景，以混煤收益最大为优化目标，建立了线性规划模型，采用 LINGO 软件求解，得出多个可行方案后，采用 TOPSIS 算法（即逼近理想解排序法）将多种方案的经济效益与社会效益进行综合评价。文献[25]结合肥城煤炭配送中心实际情况，建立了以水分、灰分、硫分、发热量及挥发分等指标为约束条件，以配煤成本最低为目标的线性规划优化模型，以灰分、硫分、发热量、挥发分和成本为评价指标，利用熵值系数法对各种可行配煤方案进行定量分析；指出根据煤炭混合性质以及煤炭行业惯例，一般选取 3 种单种煤掺配，配合效果和成本较为恰当。文献[26]考虑了运输工具到达时间、生产速度以及精煤等的产率，提出库存原煤、库存分选精煤和实际生产的分选精煤三产品配煤模型，采用自适应遗传算法；文献[27]综述了现有的配煤优化模型，把这些模型分为模糊综合评判法和基于煤质分析数据的数学方法，后者又分为线性规划和非线性规划求解方法；以煤炭企业追求经济效益最大化为优化目标，建立了煤炭企业销售配煤优化数学模型，采用 LINGO 软件求解。文献[28]考虑了多个煤矿产量和选煤厂的处理能力，以各煤矿原煤运到各选煤厂运输成本最小为目标函数，建立了原煤调运及配煤优化的线性规划模型，采用第一阶段确定可行解、第二阶段确定最优解的二阶段法求解。文献[29]考虑了系统生产能力和订单总需求，建立了配煤生产的线性规划模型，明确指出对配煤优化模型寻优算法的研究还没有实质性突破，许多文献采用的穷举法仅适合小规模的优化搜索，在配煤精度高、煤种多的情况下运算效率极低；已有优化算法只能对掺配比例而不能对掺配煤种进行优化设计。

3.3 配煤指标的可加性

水分、灰分、挥发分、硫含量、发热量、灰熔点等是评价动力煤质量的主要指标，这些指标之间存在着相互联系，是动力配煤优化的基础和主要依据[30]。在此基础上，众多学者和研究人员提出了多种不同的动力配煤优化的数学模型和求解方法。

关于数学模型有 3 种不同的观点。第一种观点认为配煤与各组成单种煤的主要指标之间存在线性关系，以此为基础建立的数学模型简单明了，易于求解，已被广泛应用于动力配煤的研究。第二种观点认为配煤与各组成单种煤的主要指标之间具有复杂的非线性关系，可以采用神经网络技术和模糊数学等方法建立非线性优化模型。第三种观点认为配煤与各组成单种煤的主要指标之间的线性与非线性关系尚不明确。

各类动力配煤优化数学模型和求解方法的基础在于动力配煤的主要指标是否具有线性可加性。这些模型相应分为线性模型和非线性模型，在实际中都有应用，且取得了一定的成效。线性模型主要采用加权平均或线性拟合等常规数学方法，这种模型简单易行，应用广泛，但不能很好反映主要指标的变化。非线性模型主要采用遗传算法、模拟退火以及模糊神经网络等现代数学方法，这种模型比较复杂，但精度高，且需要大量的配煤实测数据。

鉴于以上 3 种观点及相应的优化模型各有其理论和试验依据，下面依次对文献分类综述。

3.3.1 第一种观点——线性关系

部分学者认为动力配煤的主要指标具有线性可加性，在此基础上建立的动力配煤数学模型以及提出的各种配煤优化算法差异较大。

文献[31]从燃料特性的角度，将燃煤的主要指标根据需求大体分为 3 个层次：第一层次如灰分、发热量、硫分、挥发分等是最基本的煤质指标，基本上可认为具有线性可加性；第二层次如全水分等指标是对燃料特性的重要补充，属于非加和性指标；第三层次如碳氢含量等指标是对燃用煤质的专门了解。文献[32]通过大量的试验数据分析认为动力配煤主要质量指标如灰分、发热量、硫分、挥发分等具有较好的可加性。文献[33]基于大量实测数据，用 t 检验对动力配煤指标的实测值与理论值之差进行检验，结果表明动力配煤中的灰分、发热量、硫分、挥发分等指标与单种煤之间具有良好的线性关系，而水分不具有线性可加性。文献[2]指出灰分、发热量、硫分、挥发分、水分等是评价动力煤的主要指标，从理论和试验两方面研究表明这些指标的分析基具有线性可加性，干燥无灰基挥发分和应用基发热量不具有线性可加性；在此基础上建立了动力配煤的数学模型，模型实质是在约束条件下求目标函数的极值。文献[34]认为混煤与单种煤的发热量、成本和着火温度之间呈现线性关系，且以此为优化目标，采用灰色方法优化。文献[35]也认为混煤与单种煤的特性参数之间呈现线性关系，以配煤成本最低为目标，建立了动力配煤优化的数学模型，以此为基础研发了动力配煤软件。文献[36]的试验数据表明配煤的硫分、灰分和挥发分具有较好的可加性，配煤结果表明效果较好。文献[37]在动力配煤数学模型中考虑了灰熔点温度与灰分产率的关系，试验结果表明水分、灰分、挥发分、硫分、发热量和结渣性指标，采用单种煤加权平均得到的理论值与实测值基本一致，具有线性可加性。文献[38]认为不同煤炭的灰分、硫分、水分、挥发分、固定碳、发热量具有线性可加性，一般情况下，灰熔点也有线性可加性，在此基础上开发了动力配煤的软件。文献[39]讨论了动力配煤的数学模型，指出配煤指标一般由煤的发热量、硫分、挥发分、灰分等指标构成且符合可加性原理，实际计算时一般各单种煤的最小配比要大于 10%；同时指出如用两种煤配煤且有两个及以上指标或三种煤配煤时,可行配煤方案很多导致人工计算烦琐,且未必能得到最优解。文献[40]从煤质工业分析的角度,认为混煤的水分和全硫分具有加权特性,灰分、挥发分和发热量具有近似加权特性,灰熔融温度具有明显的非加权特性。文献[41]从理论和试验两个角度论证了配煤的分析基水分、硫分、灰分、挥发分和发热量之间具有线性可加性。文献[19]在灰分、硫分、挥发分、发热量具有线性可加性的基础上,从经济和环保方面考虑,以配煤的成本和硫分含量最低为目标函数,以发热量单价作为衡量标准优化动力配煤,但没有说明模型如何求解。文献[42]建立了以发热量、挥发分、灰分和灰熔融性温度为线性约束、全水分实测为约束条件,以配煤成本和硫分含量最小的多目标规划数学模型,采用模糊数学的方法求解。文献[43]以配煤成本和硫分含量最小为目标,采用模糊数学,将多目标数学规划转化为单目标线性规划问题,采用穷举法求解。文献[44]对于实例配煤问题和数据,采用快速模拟退火算法求解。文献[45]以收到基灰分、水分、硫分、发热量等约束条件具有线性可加性为前提,建立了线性规划数学模型,采用单纯形法求解,其实质是穷举法。文献[46]指出配煤的核心技术是确定配比,配比的准确性取决于建立的数学模型,认为配煤的灰分、水分、硫分、挥发分、发热量具有线性可加性,建立了线性规划的数学模型指导配煤。文献[47]认为水分、硫分、挥发分、发热量、焦渣特征和可磨性指数等都是线性可加的,在动力配煤模型中考虑了资源短缺单种煤的配比,目标函数中考虑了成本最低、优质煤配比最小和低值煤配比最大。文献[4]认为发热量、挥发分、灰分、硫分、水分可以通过加权平均计算得到,而煤灰熔融温度则不呈线性加权关系,需采用回归公式进行计算。文献[48]对于混煤发热量、挥发分、硫分、水分和灰分指标采用线性加权的方法,结焦特性则认为是非线性的，因而采用模糊神经网络进行预测，采用罚函数法将约束优化问题转化为非约束优化问题，采用变尺度混沌优化算法求解。文献[49]对于动力配煤优化问题，认为单种煤的发热量、灰分、挥发分、水分 4 项指标具有线性可加性且作为约束条件，以成本最低为优化目标，在 10 种单种煤中选择 3 种单种煤、以 1%精度进行配煤，采用遗传算法实现寻优。文献[5]认为挥发分、发热量、灰分、水分等可以由单种煤对应参数加权平均计算，而着火温度指数等不可简单加权平均计算，指出目前电厂主要采用经验公式、回归公式及神经网络等智能方法计算。文献[50]认为挥发分、发热量、硫分、水分和灰分均具有线性可加性，采用加权平均法进行计算，且应用于山西孝义某配煤公司的动力配煤。文献[51]认为单种煤的价格、发热量、灰分、挥发分、水分、硫分 6 项指标具有线性可加性且作为约束条件，用加权系数法将以上 6 个目标函数转换为单目标函数后用粒子群算法求解。文献[52]认为配煤指标可加性争论的主要原因在于评级标准和评价时采用的基不统一，从理论和试验两个方面论证了灰分、水分、硫分、挥发分和发热量等主要煤质指标的分析基指标具有线性可加性。

3.3.2 第二种观点——非线性关系

部分学者认为动力配煤与单种煤的主要指标之间呈非线性关系，而不是简单的加权和。大量的研究文献证实混煤的特性参数与其原煤的特性参数之间的关系非常复杂，具有典型的非线性映射特性，但长期以来由于受计算机技术与能力、实验条件和手段、数学建模等原因的限制，国内外的配煤优化预测模型很多都使用简单的加权关系式。混煤与单种煤之间的非线性关系客观存在，因此混煤的各项参数必然反映这种非线性关系并隐含着混煤与单种煤之间关系的内在机理性规律，利用线性拟合以及多项式拟合都是对其内在规律的一种简单揭示。目前，日益兴起的神经网络技术对实现非线性映射关系，尤其是解决输入与输出影响的具体机制不太清楚的“黑箱”问题较为有效，是解决准确预测配煤特性的有效方法。应用这种方法能够更充分地从大量的混煤实测数据中提取有用的反映内在机理的信息，并以数据文件的形式保存，该数据文件信息能够用来预测新的混煤特性。随着配煤技术的广泛应用和深度学习技术的发展，使用非线性理论优化指导配煤技术，全面提高配煤技术的工程水平已成为一个重要的课题[53]。

文献[54]指出优化动力配煤的关键问题是要了解混煤与掺配单种煤煤质成分及主要指标之间的关系，研究表明混煤与单种煤煤质分析数值之间是一种非常复杂的非线性映射关系。文献[55]用实测数据表明配煤的水分和灰分与各组成单种煤对应指标之间存在结构关系，比线性加权预测准确可靠。文献[56]用神经网络的反向传播算法描述混煤与各组成单种煤之间主要指标的非线性关系，建立了优化配煤专家系统。文献[57]认为加权平均或经验回归公式等方法对发热量、挥发分、水分和灰分等约束指标进行预测时效果不太理想，直接影响配煤方案的可靠性，因而采用神经网络技术建模以实现非线性映射。文献[58]认为混煤与单种煤的主要指标之间呈现非线性关系，在此基础上建立了煤场配煤的非线性优化数学模型，用杭州配煤场实际应用数据，表明用神经网络技术描述混煤综合特性的非线性规划要比线性规划准确，所求配比方案更为真实可靠。文献[59]指出实际生产要在实时数据的基础上，采用快速、准确的在线检测技术，以便对配煤过程做出必要的调整。文献[60]建立了以发热量、挥发分、硫分、水分、灰分等 10 个混煤煤质指标为约束条件、以发热量单价作为评价指标的非线性优化数学模型，采用作者开发的配煤专家系统得出配煤方案，但没有说明计算过程。文献[61]认为灰分、硫分、发热量、挥发分和水分等指标是符合正态分布的随机变量，为了确切描述这些随机变量的波动性，建立了机会约束的随机规划数学模型；以硫分约束、以混煤硫排放的期望值和均方差加权最小为优化目标，研究表明混煤硫排放期望值的减小是以硫排放波动性增大为代价的。文献[62]指出混煤与组成单种煤主要指标之间具有非常强烈的非线性特征，用加权方法有可能造成较大误差。文献[63]对于配煤优化问题非线性约束的特点，引入罚函数法将其转化为非约束问题，采用适应度比例法选择个体的遗传算法求解；指出计算结果虽然不如穷举法精确，但能在极短的时间内获得与穷举法最优解接近的相对最优解；此外，还指出在单种煤超过 30 种以上时，穷举法获得最优解需要几小时的时间，而在线监测系统不可能长期等待最优方案以调整操作系统，因而在极短时间内获得的相对最优方案是最好的选择。文献[64]指出优化配煤是一个非线性规划问题，用杭州煤场大量的数据试验表明遗传算法在优化配煤时具有较好的稳定性和准确性；这个问题最初是采用穷举法搜索最优解，当解空间增大时，其运算的时间和空间开销将呈指数级增长；在实际应用时要求稳定、准确和实时，穷举法由于计算时间较长，在问题规模较大时，是不符合这个要求的；因而，启发式算法或智能优化算法就成为必然的选择，但没有明确指出何种规模为较大规模。文献[65]认为混煤的主要指标呈现非常复杂的非线性特征，用加权平均的方法可能造成非常大的误差，因而采用神经网络技术描述发热量、灰分、水分、挥发分、灰熔点等，试验发现神经网络预测方法比加权平均法和线性回归法具有更高的预测精度和效果。文献[66]对 15 种煤种，取 3 种单种煤按不同的比例混合配成 45 种混煤进行试验,发现水分、挥发分的线性加权平均误差最大,若混煤方案采用线性加权法可能对电厂生产产生扰动,因而建立神经网络煤质预测模型并对模型进行设计、求解和优化。

3.3.3 第三种观点——关系尚不明确

有部分学者认为混煤与单种煤主要指标之间的线性与非线性关系尚不明确。

文献[67]对于动力配煤的线性与非线性数学模型进行了研究,认为不同的条件应用不同的数学模型。当动力配煤对灰分、硫分、挥发分、发热量等约束条件要求不是很苛刻时,可以近似地认为具有线性可加性,通过建立线性规划模型求解;反之则认为具有复杂的非线性特征,需要选择专家系统下的数学模型求解。文献[68]作为动力配煤的指导原则,对于以收到基和配煤比进行动力配煤时配煤产品煤质理论值的计算方法做了详细说明,指出以收到基为标准计算配煤指标时,灰分、挥发分、发热量、硫分 4 个指标是可以线性加权计算的,而以干燥基为标准时则不可。文献[7]认为混煤和与各组成单种煤的煤质指标存在线性关系还是非线性关系尚不明确,在煤质参数随机波动的不确定条件下,采用确定性动力配煤模型很难保证实际配煤的产品质量;因而采用区间规划与机会约束规划相结合,建立一个不确定性机会约束的非线性优化的电厂动力配煤优化模型,然后转化为两个确定性子模型求解。文献[69]回避混煤与各组成单种煤主要指标之间的关系,构建出安全性、经济性和环保性 3 个目标函数,以各指标偏差最小化为优化目标,采用带精英策略的非支配排序遗传算法求解。

3.4 配煤优化问题数学模型

动力配煤优化的数学模型包括两个部分：目标函数和约束条件。目标函数一般有3个要求，即追求成本最低、优质煤配比最小、劣质煤配比最大。约束条件一般以国家规范要求和行业技术要求为参考，一般包括低位发热量、水分、灰分、挥发分、硫分等指标上下限的要求。

为了便于描述模型，先进行符号和变量的定义。

(1) 索引

j：单种煤序号，$j=1,2,\cdots,n$。

(2) 参数变量

z：配煤成本。

n：煤种数。

c_j：第 j 种煤的成本。

q：发热量。q_a：发热量下限；q_b：发热量上限；f_q：发热量配煤函数；q_j：第 j 种煤的发热量。

m：水分。m_a：水分下限；m_b：水分上限；f_m：水分配煤函数；m_j：第 j 种煤的水分含量。

a：灰分。a_a：灰分下限；a_b：灰分上限；f_a：灰分配煤函数；a_j：第 j 种煤的灰分含量。

v：挥发分。v_a：挥发分下限；v_b：挥发分上限；f_v：挥发分配煤函数；v_j：第 j 种煤的挥发分含量。

s：硫分。s_a：硫分下限；s_b：硫分上限；f_s：硫分配煤函数；s_j：第 j 种煤的硫分含量。

(3) 决策变量

x_j:第 j 种煤掺配的百分比。

3.4.1　广义模型

动力配煤优化的一般形式的数学模型如下：

$$\text{Minimize}: z=\sum_{j=1}^{n} c_j x_j \tag{3-1}$$

$$\text{Subject to}: q_a \leqslant q=f_q(q_j, x_j, n) \leqslant q_b \tag{3-2}$$

$$m_a \leqslant m=f_m(m_j, x_j, n) \leqslant m_b \tag{3-3}$$

$$a_a \leqslant a=f_a(a_j, x_j, n) \leqslant a_b \tag{3-4}$$

$$v_a \leqslant v=f_v(v_j, x_j, n) \leqslant v_b \tag{3-5}$$

$$s_a \leqslant s=f_s(s_j, x_j, n) \leqslant s_b \tag{3-6}$$

目标函数(3-1)表示最小化配煤的成本。约束条件(3-2)、(3-3)、(3-4)、(3-5)和(3-6)表示掺配煤的质量指标要求,分别表示掺配煤的发热量、水分、灰分、挥发分、硫分含量不能超过相应指标的上下限要求。

3.4.2　线性模型

目前,关于配煤与各组成单种煤的主要指标之间是否存在可加性尚存在分歧。若认为配煤与各组成单种煤的主要指标之间存在线性加权关系,以此为基础可以建立线性规划数学模型。

$$\text{Minimize}: z=\sum_{j=1}^{n} c_j x_j \tag{3-7}$$

$$\text{Subject to}: q_a \leqslant q=\sum_{j=1}^{n} q_j x_j \leqslant q_b \tag{3-8}$$

$$m_a \leqslant m=\sum_{j=1}^{n} m_j x_j \leqslant m_b \tag{3-9}$$

$$a_a \leqslant a=\sum_{j=1}^{n} a_j x_j \leqslant a_b \tag{3-10}$$

$$v_{\mathrm{a}} \leqslant v = \sum_{j=1}^{n} v_j x_j \leqslant v_{\mathrm{b}} \tag{3-11}$$

$$s_{\mathrm{a}} \leqslant s = \sum_{j=1}^{n} s_j x_j \leqslant s_{\mathrm{b}} \tag{3-12}$$

目标函数(3-7)表示最小化配煤的成本。约束条件(3-8)、(3-9)、(3-10)、(3-11)和(3-12)表示掺配煤的质量指标要求,分别表示掺配煤的发热量、水分、灰分、挥发分、硫分含量不能超过相应指标的上下限要求。

线性模型主要采用加权平均或线性拟合等常规数学方法,简单明了,易于求解,已被广泛应用于动力配煤的研究。

3.4.3 非线性模型

若认为配煤与各组成单种煤的主要指标之间具有复杂的非线性关系,可以采用神经网络技术和模糊数学等方法建立非线性优化模型。

文献[30]采用进化优选算法结合神经网络用于动力配煤过程的状态预测建模并对模型进行求解。文献[57]采用神经网络技术建模以实现非线性映射。文献[58]试验发现神经网络预测方法比加权平均和线性回归具有更高的预测精度和效果。

3.5 配煤优化问题求解方法

配煤优化问题数学模型的求解,主要采用的是数值分析中典型的优化求解方法,例如解析法、爬山法、遗传算法、穷举法、单纯形法、模拟退火法、图解法等。配煤专家系统就是在这些模型的基础上开发的,再利用 matlab 数值分析软件及其他编程语言对模型进行求解。

3.5.1 穷举法

文献[43]将多目标数学规划转化为单目标线性规划问题，采用穷举法求解。文献[45]采用单纯形法求解，其实质是穷举法。文献[24]采用 LINGO 软件求解，其实质也是穷举法。文献[25]利用嫡值系数法对各种可行配煤方案进行定量分析。文献[50]采用加权平均法进行计算。文献[58]采用穷举法找出可行方案。随着掺配煤种的增加，穷举法计算耗时急剧增加。在现实配煤实践中，多数场合要求对掺配煤的比例进行在线调整，因而穷举法仅有研究的意义，不具有实际应用的价值。

3.5.2 智能优化算法

文献[64]指出实际应用时要求稳定、准确和实时，当问题规模较大时，启发式算法或智能优化算法成为必然选择。到目前为止，有多种智能优化算法对于配煤优化问题进行了计算。

(1) 遗传算法。文献[26]采用遗传算法实现寻优。文献[26]采用适应度比例法选择个体的遗传算法求解。文献[64]最初采用穷举法搜索最优解，然后采用具有较好的稳定性和准确性的遗传算法求解。文献[69]构建出安全性、经济性和环保性 3 个目标函数，以各指标偏差最小化为优化目标，采用带精英策略的非支配排序遗传算法求解。文献[26]建立三产品配煤模型，采用自适应遗传算法求解。文献[16]在遗传算法中嵌入模拟退火求解。文献[26]采用自适应遗传算法求解。

(2) 模拟退火算法。文献[11]采用神经网络预测焦炭的质量后采用模拟退火优化配煤。文献[44]采用快速模拟退火算法求解。文献[16]在遗传算法中嵌入模拟退火求解。文献[48]采用变尺度混沌优化算法求解。

(3) 粒子群优化算法。作为群体智能的代表性算法之一，粒子群优化算法也被采用求解此类问题。文献[70]对于选煤厂自动配煤系统多目标优化问题，采用粒子群优化算法求解。文献[23]对于煤场配煤问题，运用加权平均将多个约束条件转化为单目标函数，采用协同量子粒子群优化算法寻优。文献[51]用加权系数法将多目标函数转换为单目标函数后用粒子群优化算法求解。文献[12]采用嵌入差分进化算法的预交叉差分进化粒子群优化算法求解。

(4) 专家系统。文献[56]用神经网络的反向传播算法描述混煤与各组成单种煤之间主要指标的非线性关系，建立了优化配煤专家系统。文献[54]开发了多目标优化配煤专家系统。文献[60]采用配煤专家系统得出配煤方案。文献[9]提出由专家系统、基于知识的规则模型和解析的数学模型进行综合集成完成配煤比的定量计算。

3.5.3 其他算法

文献[54]指出算术平均法简单方便，在缺乏混煤试验数据的情况下成为理想的选择。文献[27]采用 LINGO 软件求解。文献[28]采用第一阶段确定可行解、第二阶段确定最优解的二阶段法求解。文献[48]采用罚函数法将约束优化问题转化为非约束优化问题，采用变尺度混沌优化算法求解。文献[7]采用区间规划与机会约束规划相结合，建立一个不确定性机会约束的非线性优化的电厂动力配煤优化模型，然后转化为两个确定性子模型求解。文献[42]采用模糊数学的方法求解。文献[34]采用灰色方法优化。

文献[21]采用多目标微分进化算法寻找非劣可行解，对目标函数构造相应的隶属度函数来判断趋近于最优解的程度以选取满意解。文献[30]采用进化优选算法结合神经网络用于动力配煤过程的状态预测建模。

此外，文献[25]指出根据煤炭混合性质及行业惯例，一般选取3种煤掺配。文献[29]指出已有算法只能对掺配比例而不能对掺配煤种进行优化。

3.6　本章小结

从上数文献综述中可以清楚地看到，如何认识配煤与各组成单种煤主要指标之间的关系，直接决定了所建立的配煤优化的数学模型及其后续的配煤比例的计算。因此，应先从理论上，搞清混煤与单种煤的主要指标之间是否呈现线性与非线性加权关系，在何种情况下可以简单地认为两者之间呈现线性加权关系，以及在何种情况下两者为非线性加权关系。这种关系，需要明确。在此基础上，进一步探讨优化配煤的数学模型。

有关文献已经指出，当配煤优化问题的解空间增大时，运算的时间和空间开销将呈指数级增长。此外，还指出优化配煤除了稳定性和准确性的要求外，配煤在线监测还具有实时性的要求。因此，这个问题的快速、准确求解非常重要。关于配煤优化问题的求解，有多篇文献都采用了如遗传算法、模拟退火算法、粒子群算法等智能优化算法求解，但都没有明确说明为何采用这些智能优化算法求解。若这些问题属于较“容易”求解的问题，则没有必要采用遗传算法、粒子群算法等人工智能优化算法，采用如穷举法、动态规划等精确算法求解即可；若属于较“难”求解的问题，则需给出这些问题较“难”求解的证明。在满足多个特性指标的前提下，多种单种煤选择几种进行混配的配煤优化问题，显然是一个在约束条件下求解目标函数极值的组合优化问题。这个优化问题的求解性质是 NP-难的吗？相关文献尚未提及或证明过。因此，配煤优化问题的计算性质尚未明确，需要加以探讨和研究。

4 面向订单的煤场配煤优化问题数学模型与计算性质

由于地理赋存条件以及采掘工艺的不同，各矿井开采出来的原煤以及经分选加工后的分选精煤，水分、灰分、硫分、挥发分以及发热量等技术指标差异较大，都影响着煤炭的燃烧性能。煤炭水分过大，不利于加工和运输；灰分过大，发热量不足；硫分过大，则会引起设备腐蚀和环境污染。通过把质量指标各不相同的单种煤按不同的比例掺配即通过配煤，就可以“扬长避短”，充分利用劣质煤，节约优质煤，在降低成本的同时，为用户提供符合质量要求的煤炭产品。优化配煤，既具有保护环境、提高经济效益的实际意义，又具有促进配煤发展的理论价值。

本书从混煤与单种煤特性参数之间呈线性关系出发，建立了面向订单的煤场配煤优化问题的数学模型。与已有模型不同，本书考虑了掺配煤种数量的要求，不考虑优质煤种掺配数量的限制。在对多种背包问题分析的基础上，把面向订单的煤场配煤优化问题映射为易碎物品的多选择、多维、多背包问题，表明其求解性质是强 NP-难的。

4.1 背包问题

4.1.1 背包问题概述

背包问题(knapsack problem,简称 KP)是一类重要的组合优化问题,在工业、经济、金融与计算机领域的资源分配、资金预算、投资决策、装载问题、整数规划、分布式系统以及信息安全领域公钥密码系统构建中具有重要的理论和应用价值。背包问题是一类NP-难问题,当规模较大时,经典方法(如动态规划)因时间复杂度很高导致实用性较差。因此,利用现代启发式算法求解背包问题越来越受到重视。目前,背包问题包括多种不同形式,经典的有0-1 背包问题(0-1 knapsack problem,简称 0-1 KP)、有界背包问题(bounded knapsack problem,简称 BKP)、无界背包问题(unbounded knapsack problem,简称 UKP)、多维背包问题(multidimensional knapsack problem,简称 MDKP)、多背包问题(multiple knapsack problem,简称 MKP)、多选择背包问题(multiple-choice knapsack problem,简称 MCKP)、二次背包问题(quadratic knapsack problem,简称 QKP)、最大最小背包问题(max-min knapsack problem,简称 MmKP)、优先约束背包问题(precedence constraint knapsack problem,简称 PCKP)、集合联盟背包问题(set-union knapsack problem,简称 SUKP)、多目标背包问题(multi-objective knapsack problem,简称 MOKP)和在线背包问题(on-line knapsack problem,简称 OLKP)等以及它们的变形。近年来,许多新的背包问题,如随机时变背包问题(randomized time-varying knapsack problem,简称 RTVKP)、多重二次背包问题(quadratic multiple knapsack problem,简称 QMKP)、多选择多维背包问题(multiple-choice multidimensional knapsack problem,简称 MMKP)和折扣 0-1 背包问题(discounted {0-1}knapsack problems,简称 D{0-1}KP)等被相继提出,不仅壮大了 KP 家族,而且大大拓宽了 KP 的应用领域[71]。

求解背包问题的算法一般分为两类:一类是精确算法,如动态规划、回溯法和分支限界法等;另一类是非精确算法,主要有随机算法、近似算法、生物算法和演化算法(evolutionary algorithms,简称 EAs)等。由于背包问题是 NP-难问题,精确算法的时间复杂度或是伪多项式时间的,或是指数时间的,一般不适用复杂大规模背包问题实例的求解,所以在实际应用中非精确算法更受青睐。EAs 是一类特殊的随机近似算法,它既不需要计算目标函数的导数和梯度,也不要求目标函数具有连续性,而且具有内在的隐含并行性和全局寻优能力。目前,人们模仿自然界中生物的群体行为,或者受社会实践中某些社会活动的启发,提出了许多有效的 EAs,如遗传算法(genetic algorithm,简称 GA)、粒子群优化(particle swarm optimization,简称 PSO)、蚁群优化(ant colony optimization,简称 ACO)、差分演化(differential evolution,简称 DE)、人工鱼群算法(artificial fish swarm,简称 AFS)、人工蜂群算法(artificial bee colony,简称 ABC)、声搜索算法(harmony search algorithm,简称 HSA)、混合蛙跳算法(shuffled frog leaping algorithm,简称 SFLA)和人工免疫算法(artificial immune system,简称 AIS)等,并已被成功用于求解各种组合优化问题(如背包问题、旅行商问题、集合覆盖问题等),取得了许多有益的研究成果。

在过去的几十年中,背包问题吸引了理论研究人员和实践工作者的注意,得到了广泛的研究。理论方面的研究兴趣来自该问题简单的结构，这种特点既可以深入探索许多组合特性，又可以通过解决一系列背包子问题来最终求解更为复杂的优化问题。从实践的角度来看，这些问题可以表述许多工业场合的应用，可以抽象为背包问题，最典型的应用包括资本预算、货物装载和存储分配等[72]。

4.1.2 0-1 背包问题

假设需要从许多物品中选择一些来填充一个背包。存在 n 个不同的物品可以使用，每个物品 j 具有重量 w_j 和价值 p_j，背包承重上限是 C。问题是如何寻找物品的最优子集从而在满足背包承重约束的基础上最大化总价值。价值、重量和承重是正整数。

设 x_j 为二进制变量。如果物品 j 被放入背包，则 $x_j=1$；否则 $x_j=0$。背包问题的数学模型描述如下：

$$\text{P1:Maximize } z=\sum_{j=1}^{n}(p_j x_j) \tag{4-1}$$

$$\text{Subject to } \sum_{j=1}^{n}(w_j x_j)\leqslant C \tag{4-2}$$

$$x_j \in \{0,1\},j=1,2,\cdots,n \tag{4-3}$$

这种问题就是 0-1 背包问题，它是一个带有简单约束的纯整数规划，是一类非常重要的整数规划问题。

4.1.3 多维背包问题

多维背包问题是 0-1 背包问题的一个扩展形式，也是一个 NP-难问题，在预算规划、项目日程安排、计算机处理器的分配和分布式计算机系统中的数据库等方面具有重要的应用。多维背包问题的数学模型为：

$$\text{P2:Maximize } z = \sum_{j=1}^{n}(p_j x_j) \tag{4-4}$$

$$\text{Subject to } \sum_{j=1}^{n}(w_{ij} x_j) \leqslant C_i, i = 1,2,\cdots,d \tag{4-5}$$

$$x_j \in \{0,1\}, j = 1,2,\cdots,n \tag{4-6}$$

式中，p_j 是物品 j 的价值；$w_{ij}(i=1,2,\cdots,d)$是物品 j 的第 i 个重量限制。p_j、w_{ij} 和 C_i 均为正整数，并且满足 $w_{ij} \leqslant C_i$，$\sum_{j=1}^{n} w_{ij} > C_i \ (i=1,2,\cdots,d;j=1,2,\cdots,n)$，$x_j=1$ 为当且仅当物品 j 被装入背包。显然，0-1 背包问题是当 $d=1$ 时多维背包问题的特例，因此，多维背包问题的求解难度比 0-1 背包问题更大。

4.1.4 多选择背包问题

多选择背包问题定义为有附加约束的背包问题，该问题带有互不相关的多选择约束。该问题的一般性描述如下：有一个承重有限的背包，将要放入背包的物品分为相互排斥的若干类。每类中有若干不同的物品。问题就是从每类中选择一个物品使得项目总重量在满足背包承重约束的前提下使总价值最大化。多选择背包问题的数学模型描述如下：

$$\text{P3: Maximize } z = \sum_{i=1}^{m}\sum_{j=1}^{n_i}(p_{ij} x_{ij}) \tag{4-7}$$

$$\text{Subject to} \sum_{i=1}^{m}\sum_{j=1}^{n_i}(w_{ij} x_{ij}) \leqslant C \tag{4-8}$$

$$\sum_{j=1}^{n_i} x_{ij} = 1, i = 1,2,\cdots,m \tag{4-9}$$

$$x_{ij} \in \{0,1\}, \forall i,j \tag{4-10}$$

式中，i 是类的下标；j 是每类中物品的下标；n_i 是第 i 类中物品的数量;p_{ij}是第 i 类中第 j 个物品的价值;m 是类的数量;w_{ij}是第 i 类中第 j 个物品的重量;C 是背包的承重。采用双下标使得变量的 m 个多选择集相互排斥。约束(4-9)称作多选择约束(multiple-choice constraints)或广义上界(generalized upper bounds,简称 GUBs)。

该问题是某种广义的指派问题,属于 NP-问题。解决该问题最成功的方法是分支定界算法,这种算法采用了线性规划、拉格朗日松弛或拉格朗日松弛变形来定界。

4.1.5 多选择多维背包问题

多选择多维背包问题是由多选择背包问题与多维背包问题组合而成的一个背包问题,它的一般描述为:给定 n 个物品集的集合 $J=\{J_1,J_2,\cdots,J_n\}$ 和 m 个载重分别为 $C_1,C_2,\cdots,C_m$ 的背包,其中,$J_p \cap J_q=\varnothing,1\leqslant p\neq q\leqslant n$,每个物品 $j\in J_i$ 具有一个价值 p_{ij} 和 m 个重量 $w_{ij1},w_{ij2},\cdots,w_{ijm}$(其中,$w_{ijk}$是物品 $j\in J_i$ 被装入载重为 C_k 的背包时的重量,并且 p_{ij}、w_{ijk}和 C_k 均为正整数,$1\leqslant i\leqslant n,j\in J_i$ 且 $1\leqslant |J_i|=r_i,1\leqslant k\leqslant m$)。目标是从每个物品集中恰好选择一个物品装入所有的背包中,在使得装入每个背包中的重量之和均不超重的前提下,所有背包中物品的价值之和达到最大。多选择多维背包问题的数学模型为:

$$\text{P4:Maximize } z=\sum_{i=1}^{n}\sum_{j=1}^{ri}(p_{ij}x_{ij}) \tag{4-11}$$

$$\text{Subject to}\sum_{i=1}^{n}\sum_{j=1}^{ri}(w_{ijk}x_{ij})\leqslant C_k,k=1,2,\cdots,m \tag{4-12}$$

$$\sum_{j=1}^{ri}x_{ij}=1,i=1,2,\cdots,n \tag{4-13}$$

$$y_{ij}\in\{0,1\},i=1,2,\cdots,n,j=1,2,\cdots,r_i \tag{4-14}$$

式中，$y_{ij}=0$ 表示物品 $j\in J_i$ 未装入任何背包中，$y_{ij}=1$ 表示物品 $j\in J_i$ 被装入了所有背包中。多选择背包问题与多维背包问题的难解性决定了多选择多维背包问题的求解困难性。

4.1.6　易碎物品背包问题

文献[73]指出 0-1 背包问题的一个限制条件是物品的重量和价值以及背包承重都假设是整数。然而，许多抽象为背包问题的实际问题都涉及一些不精确的、模糊的数据，而不能够合理地假设为纯整数。文献[74]、[75]和[76]都研究了一类易碎物品背包问题(crisp knapsack problem，简称 CKP)。易碎物品背包问题可以描述如下：有 n 件物品和一个二进制变量 $x_j(j=1,2,\cdots,n)$，具有的含义是，物品 j 的重量是 w_j，价值是 p_j，有一个承重上限是 W 的背包。如果物品 j 的重量的一个比例 $x_j(0\leqslant x_j\leqslant 1)$ 被放入背包中，那么就可以获得价值 p_jx_j。目标是找到这些物品的一个子集，然后放入背包中，使得所选择的物品价值最大。因为背包承重上限是 W，因此选择的所有物品总重量最多是 W。不失一般性，假设所有的重量和价值都是正数。易碎物品背包问题数学模型描述形式如下：

$$\text{P5: Maximize } z=\sum_{j=1}^{n}(p_jx_j) \tag{4-15}$$

$$\text{Subject to } \sum_{j=1}^{n}(w_jx_j)\leqslant W \tag{4-16}$$

$$0\leqslant x_j\leqslant 1, j=1,2,\cdots,n \tag{4-17}$$

其中，目标函数(4-15)表示所选择的装入背包里的物品价值最大，约束条件(4-16)表示所选择的装入背包里的物品总重量不超过背包的承重，约束条件(4-17)表示所选择的装入背包里的物品重量占该物品的重量比例取值范围，$x_j=1$ 表示物品 j 全部放入背包，$x_j=0$ 表示不选择该物品，$0<x_j<1$ 表示该物品部分放入背包。

4.1.7 多背包问题

多背包问题在投资决策和多装载问题中具有典型的应用，它的一般描述如下：给定 n 个物品和 m 个背包，其中物品 j 的价值为 p_j，重量为 w_j，第 i 个背包的载重为 C_i，p_j、w_j 和 C_i 均为正整数，$i=1,2,\cdots,m$，$j=1,2,\cdots,n$，每个物品最多只能装入一个背包中。目标是选择物品装入背包，使得每个背包中装入物品的重量之和在不超过背包载重的前提下使所有背包中装入物品的价值之和最大。多背包问题的数学模型表示如下：

$$\text{P6: Maximize } z=\sum_{i=1}^{m}\sum_{j=1}^{n}(p_j x_{ij}) \tag{4-18}$$

$$\text{Subject to}\sum_{j=1}^{n}(w_j x_{ij})\leqslant C_i, i=1,2,\cdots,m \tag{4-19}$$

$$\sum_{i=1}^{m}x_{ij}\leqslant 1, j=1,2,\cdots,n \tag{4-20}$$

$$x_{ij}\in\{0,1\}, i=1,2,\cdots,m, j=1,2,\cdots,n \tag{4-21}$$

其中，$x_{ij}=1$ 表示物品 j 被装入了背包 i 中，$x_{ij}=0$ 表示物品 j 未被装入背包 i 中。显然，当 $m=1$ 时，多背包问题退化为 0-1 背包问题。多背包问题是一个强 NP-难问题。

4.2 面向订单的煤场配煤优化问题数学模型

为了便于描述问题和建立问题的数学模型，先进行符号和变量的定义。

(1) 索引

i:订单序号,$i=1,2,\cdots,l$。

j:单种煤序号,$j=1,2,\cdots,n$。

(2) 参数变量

w'_i:订单 i 要求的商品煤重量;w_j:单种煤 j 的库存重量。

a'_i:订单 i 要求的最高灰分含量;a_j:单种煤 j 的灰分含量。

s'_i:订单 i 要求的最高硫分含量;s_j:单种煤 j 的硫分含量。

q'_i:订单 i 要求的最低发热量;q_j:单种煤 j 的发热量。

m'_i:订单 i 的水分含量;m_j:单种煤 j 的水分含量。

v'_i:订单 i 的挥发分含量;v_j:单种煤 j 的挥发分含量。

p'_i:订单 i 的价格;p_j:单种煤 j 的价格。

b:订单 i 中的掺配的单种煤种类限制,$1\leqslant b\leqslant 3$。

(3) 决策变量

x_{ij}:订单 i 中单种煤 j 掺配的比例,$0\leqslant x_{ij}\leqslant 1$;若 l 表示订单 i 全部由单种煤 j 组成,若 $x_{ij}=0$ 表示订单 i 中不掺配单种煤 j。

某配煤场库存有 n 种单种煤,其中单种煤 $j(j=1,2,\cdots,n)$的硫分、水分、灰分、挥发分和发热量分别是 s_j、m_j、a_j、v_j 和 q_j,库存重量和价格分别是 w_j 和 p_j。现接到 l 份订单,其中订单 $i(i=1,2,\cdots,l)$要求的硫分、水分、灰分、挥发分和发热量分别是 s'_i、m'_i、a'_i、v'_i和 q'_i,重量和价格分别是 w'_i和 p'_i。由于配煤工艺限制,只能从 n 种单种煤中最多选择 b 种单种煤掺配,且确定在订单 i 中单种煤 j 掺配的比例为 x_{ij},使得掺配后的混煤满足订单要求,且成本最小。

一般情况下,煤场库存各种单种煤的重量都是比较大的。这里,为使问题简化,假设单种煤 j 库存量 w_j 远远超过订单要求的重量 w'_i。

面向订单的煤场配煤优化问题数学模型描述如下：

$$\text{P7: Minimize } z=\sum_{i=1}^{l}\sum_{j=1}^{n}(x_{ij}w'_i p_j) \tag{4-22}$$

$$\text{Subject to}\sum_{j=1}^{n}\lceil x_{ij}\rceil \leqslant b(i=1,2,\cdots,l) \tag{4-23}$$

$$\sum_{j=1}^{n}x_{ij}=1(i=1,2,\cdots,l) \tag{4-24}$$

$$\sum_{j=1}^{n}(x_{ij}s_j)\leqslant s'_i(i=1,2,\cdots,l) \tag{4-25}$$

$$\sum_{j=1}^{n}(x_{ij}m_j)\leqslant m'_i(i=1,2,\cdots,l) \tag{4-26}$$

$$\sum_{j=1}^{n}(x_{ij}a_j)\leqslant a'_i(i=1,2,\cdots,l) \tag{4-27}$$

$$\sum_{j=1}^{n}(x_{ij}v_j)\geqslant v'_i(i=1,2,\cdots,l) \tag{4-28}$$

$$\sum_{j=1}^{n}(x_{ij}q_j)\geqslant q'_i(i=1,2,\cdots,l) \tag{4-29}$$

$$w_j \gg w'_i(i=1,2,\cdots,l;j=1,2,\cdots,n) \tag{4-30}$$

$$x_{ij}\in[0,1]\ (i=1,2,\cdots,l;j=1,2,\cdots,n) \tag{4-31}$$

$$1\leqslant b\leqslant 3 \tag{4-32}$$

目标函数(4-22)表示最小化配煤的成本；约束条件(4-23)表示掺配到订单中的单种煤种类限制，其中$\lceil x_{ij}\rceil$表示大于或等于x_{ij}的最小整数；约束条件(4-24)表示配煤比例约束，构成订单的各种掺配煤的比例之和等于1；约束条件(4-25)、(4-26)、(4-27)、(4-28)和(4-29)表示配煤主要指标的要求，其中约束条件(4-25)、(4-26)和(4-27)分别表示混煤的硫分、水分和灰分不能超过合同的要求，约束条件(4-28)和(4-29)分别表示混煤的挥发分和发热量不能低于合同的要求；约束条件(4-30)表示库存各种单种煤的数量远远超过订单要求的数量；约束条件(4-31)表示决策变量取值范围的要求；约束条件(4-32)表示对于任何一个订单，最多选择3种单种煤进行掺配。

在模型P7中，总共有 $l \cdot n$ 个决策变量。其中，最多有 $l \cdot (n-1)$ 个决策变量取0，最少有 $l \cdot (n-b)$ 个决策变量取0；最多有 l 个决策变量取值等于1。可以看到，这个模型中目标函数和约束条件都是决策变量 x_{ij} 的线性函数。因此，这是一个混合整数线性规划模型。文献[77]指出当模型规模增加时，模型中的决策变量急剧增加，混合整数线性规划问题更加难解。

假设对于某一个订单 i，已经选定了 b 种单种煤进行掺配，则模型P7退化为一个线性规划模型。在一般情况下，单纯形法是求解线性规划问题的一个十分有效的算法，但却属于指数时间算法，这意味着它难以在有限的时间内求解出一定规模的问题，若在规模不大的情况下是比较容易求解的。因此，模型P7求解的难点在于对于某一个订单 i，如何在 n 个决策变量中选出符合约束条件要求的 b 个非零的决策变量。

对模型P7进行简化，假设对于给定的某一个订单 i，已经选定了 b 种单种煤进行掺配，模型P7可以转化为：

$$\text{P8: Minimize } z = \sum_{j=1}^{b} (x_{ij} w'_i p_j) \tag{4-33}$$

$$\text{Subject to } \sum_{j=1}^{b} x_{ij} = 1 (\forall i) \tag{4-34}$$

$$\sum_{j=1}^{b} (x_{ij} s_j) \leqslant s'_i (\forall i) \tag{4-35}$$

$$\sum_{j=1}^{b} (x_{ij} m_j) \leqslant m'_i (\forall i) \tag{4-36}$$

$$\sum_{j=1}^{b} (x_{ij} a_j) \leqslant a'_i (\forall i) \tag{4-37}$$

$$\sum_{j=1}^{b}(x_{ij}v_j) \geqslant v'_i(\forall i) \tag{4-38}$$

$$\sum_{j=1}^{b}(x_{ij}q_j) \geqslant q'_i(\forall i) \tag{4-39}$$

$$w_j \gg w'_i(\forall i, j=1,2,\cdots,n) \tag{4-40}$$

$$x_{ij} \in [0,1](\forall i, j=1,2,\cdots,n) \tag{4-41}$$

$$1 \leqslant b \leqslant 3 \tag{4-42}$$

注意到 P8 已经退化为一个线性规划模型，因而容易计算求解。

4.3 面向订单的煤场配煤优化问题计算性质

在前文提到的面向订单的煤场配煤优化问题中，可以把每一种单种煤映射为一个易碎物品，单种煤的硫分、水分、灰分、挥发分和发热量 5 个指标分别映射为这个易碎物品的 5 个维度，单种煤的重量和价值分别映射为这个易碎物品的重量和价值。同时，把一份订单映射为一个背包，订单要求的混煤的硫分、水分、灰分、挥发分和发热量 5 个指标约束分别映射为这个背包 5 个维度的约束，订单要求的混煤的重量和价值分别映射为这个背包的承重和价值。这样，面向订单的煤场配煤优化问题就可以映射为易碎物品的多选择多维背包问题。

进一步，假设订单不止一份，则面向订单的煤场配煤优化问题就可以映射为易碎物品的多选择、多维、多背包问题。

由于 0-1 背包问题计算性质是 NP-难的，多背包问题计算性质是强 NP-难的，多选择、多维、多背包问题的计算性质也是强

NP-难的。因此，本书讨论的面向订单的煤场配煤优化问题也必定是强 NP-难的。

4.4 本章小结

本章从混煤与单种煤特性参数之间呈线性关系出发，建立了面向订单的煤场配煤优化问题的数学模型。与已有模型不同，本书建立的数学模型考虑了掺配煤种数量的要求，但不考虑优质煤种掺配数量的限制。在对多种背包问题分析的基础上，把面向订单的煤场配煤优化问题映射为易碎物品的多选择、多维、多背包问题，表明其求解性质是强 NP-难的。

5 面向订单的煤场配煤优化问题解空间分布

5.1 计算数据

到目前为止,煤场配煤优化问题尚没有一个统一的、衡量各种算法有效性的算例,本书采用文献[57]中 10 种原煤的数据进行计算说明,具体数据如表 5-1 所列。以下要从表 5-1 的 10 种原煤中挑选出 3 种按一定比例进行掺配,以满足用户订单的要求。

表 5-1　　参加配煤的 10 种原煤数据

编号	煤种	硫分/%	水分/%	灰分/%	挥发分/%	发热量/(mJ/kg)	单价/(元/t)
1	兖州 1	0.65	2.56	24.42	27.67	23.89	325
2	黄陵	1.00	5.16	25.41	22.31	22.65	320
3	长广	4.29	2.34	36.22	24.23	19.09	280
4	大同	0.71	2.17	25.53	24.25	23.27	315
5	兖州 2	0.72	2.44	17.98	30.09	26.40	345
6	刘桥	0.50	0.58	21.65	9.85	26.57	310
7	晋城	0.35	4.73	19.10	4.66	26.59	285
8	枣庄	0.91	2.47	18.70	28.75	25.46	345
9	义马	0.52	1.80	16.37	32.42	24.71	290
10	淮南	0.56	1.98	21.89	23.92	25.54	330

用户订单要求如下：发热量≥23.0 MJ/kg，挥发分≥25%，硫分≤1.0%，水分≤10%，灰分≤30%。在达到上述煤质指标要求的情况下使混煤的成本最低。

在以上10种煤中选取3种煤掺配，易知解的空间大小为720个。为了描述这720个解及其对应成本的分布，采用穷举法进行计算。同时，为便于与基于人工智能的模拟退火算法和粒子群优化算法进行比较，应记录计算时间。采用MATLAB2013a软件在计算机上编程试验。

5.2 解空间分布

按照配煤成本升序进行排列，这720个解及其对应成本的分布如图5-1所示，其中配煤成本为400表示的是不可行解。从

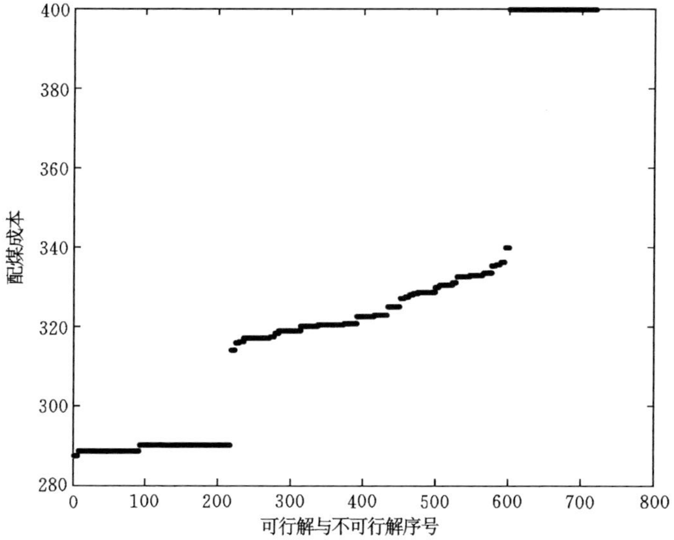

图5-1 配煤成本分布曲线(成本升序排列)

图5-1中可见，成本在[287.491 0，290.000 0]以及[314.233 8，339.902 0]两个区间内分布着大量的可行解。

在这720个解中，其中有不可行解120个、重复排列的可行解500个。此外，还有事实上的重复解66个，例如成本为290.000 0的可行解中，其中的1个解是煤种1、2和9参与配煤，但实际上煤种1、2的掺配比例都是0，仅有煤种9参与配煤，这种情况就产生了6个重复解。其他如煤种4、8和9掺配以及煤种2、5和9掺配等，也是这种情况，因而就产生了大量事实上的重复解。余下的34个可行解中，仅有1种煤直接销售的可行解有2个，2种煤掺配的可行解有17个，3种煤掺配的可行解有15个，具体见表5-2。

表5-2 可行的配煤方案

序号	成本	煤种编号	比例/%	煤种编号	比例/%	煤种编号	比例/%
1	287.491 0	7	22.67	3	13.75	9	63.57
2	288.663 5	0	0	7	26.73	9	73.27
3	288.726 8	3	12.73	0	0	9	87.27
4	290.000 0	0	0	9	1.00	0	0
5	314.233 8	4	69.55	1	21.98	3	8.47
6	316.038 4	4	79.07	3	8.06	5	12.87
7	316.283 7	1	79.51	3	10.44	7	10.44
8	317.193 0	0	0	1	21.93	4	78.07
9	317.500 9	3	7.17	4	76.13	8	16.70
10	318.478 1	1	76.82	3	10.15	6	13.02
11	318.852 7	5	12.84	4	87.16	0	0
12	320.000 0	0	0	8	16.67	4	83.33
13	320.358 5	1	88.40	7	11.60	0	0

续表 5-2

序号	成本	煤种编号	比例/%	煤种编号	比例/%	煤种编号	比例/%
14	320.360 0	1	48.34	2	46.51	3	5.14
15	320.673 1	3	9.62	0	0	1	90.38
16	322.509 3	0	0	1	50.19	2	49.81
17	322.752 5	6	14.98	1	85.02	0	0
18	325.000 0	1	1	0	0	0	0
19	327.007 6	5	16.95	3	11.07	10	71.98
20	327.313 3	5	33.86	3	2.88	2	63.25
21	328.033 7	7	17.78	5	72.53	3	9.69
22	328.381 7	8	21.73	10	68.51	3	9.76
23	328.644 0	2	65.42	0	0	5	34.58
24	329.904 7	2	57.43	3	1.13	8	41.43
25	330.442 5	8	41.77	0	0	2	58.23
26	331.134 9	3	9.23	5	68.30	6	22.48
27	332.625 6	5	17.50	0	0	10	82.50
28	332.927 9	7	14.61	3	5.08	8	80.30
29	332.990 6	5	79.98	7	20.02	0	0
30	333.354 0	0	0	8	22.36	10	77.64
31	335.265 6	6	18.66	8	76.41	3	4.93
32	335.660 0	0	0	8	84.43	7	15.57
33	336.198 1	5	74.85	6	25.15	0	0
34	339.902 0	3	78.40	0	0	5	92.16

从表 5-2 中可以看到，最低配煤成本是 287.491 0，由煤种 3、7、9 按照 13.75%、22.67%和 63.57%的比例掺配，硫分、水分、灰分、挥发分和发热量分别是 1.000 0%、2.538 5%、19.719 2%、

25.000 0%和 24.363 2 MJ/kg，符合客户订单的要求。在这 720 个解中，存在 34 个可行解，仅有 1 个最优解，最优解的比率占 0.138 9%，可见找到唯一的一个 3 种煤掺配的最优解是非常困难的。

为了清楚地表明配煤成本变化情况，把表 5-2 中配煤方案序号及其成本绘制成图，见图 5-2。可以看到，解空间中一个最优解、3 个近优解给出的配煤成本较低以外，其余的配煤方案给出的配煤成本都非常高。

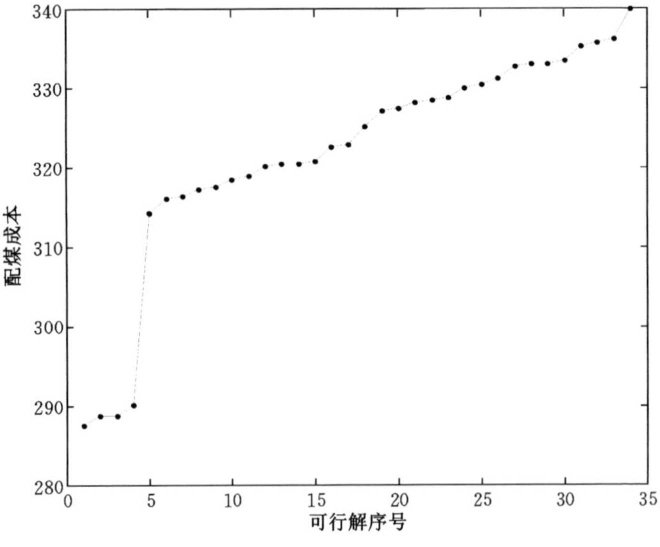

图 5-2 可行解及其成本分布曲线（成本升序排列）

5.3 计算耗时

在以上 10 种煤中选取 3 种煤掺配，解的空间大小为 720 个。

为便于与下文基于人工智能的模拟退火算法和粒子群优化算法进行比较，对计算时间进行了记录。这样的试验进行了 40 次，计算耗时如表 5-3 所列，平均耗时 5.999 2 s。若原煤种数增加时，解空间将急剧扩大。况且，现代化配煤系统往往要求在线实时给出配煤方案，这样的计算耗时显然不能满足现实配煤生产需要，难以适用于各类配煤决策支持系统。

表 5-3 穷举法计算 10 种煤选取 3 种煤掺配试验计算耗时

序号	耗时/s	序号	耗时/s	序号	耗时/s	序号	耗时/s
1	6.095 6	11	6.051 5	21	5.981 0	31	5.960 4
2	6.016 5	12	5.997 0	22	6.107 2	32	5.968 4
3	5.957 3	13	5.947 6	23	5.986 6	33	5.991 9
4	6.003 6	14	5.957 8	24	5.973 4	34	6.050 1
5	5.976 0	15	6.011 3	25	5.957 0	35	5.953 8
6	6.139 7	16	5.984 5	26	6.015 5	36	5.961 0
7	6.200 6	17	5.930 1	27	6.056 5	37	5.991 6
8	6.291 2	18	5.937 2	28	5.982 9	38	5.936 5
9	5.925 2	19	5.904 8	29	6.045 4	39	5.935 1
10	5.947 9	20	5.932 6	30	5.982 5	40	5.919 5

5.4 本章小结

本章采用穷举法对面向订单的配煤优化问题的解空间进行了

探讨。以 10 种煤中选取 3 种煤掺配为例,发现在全部 720 个解空间中,存在 34 个可行解,可行解的比率占 4.722 2%;其中仅有 1 个最优解,最优解的比率仅占 0.138 9%;为了找到最优解,平均计算耗时 5.999 2 s。这样的求解效率在现实配煤生产中是不可行的。

6 改进模拟退火算法求解面向订单的煤场配煤优化问题

我国煤炭主产区与消费地的分离，导致煤炭主产区的煤炭需要经过较长时间的运输才能到达消费地。由于各煤矿所生产煤炭的灰分、硫分、水分、挥发分以及发热量等技术指标差异较大，而各用户要求煤炭的煤质指标各不相同，单一煤种往往不能满足用户的要求。通过把质量指标各不相同的煤炭按不同的比例掺配，使不同质量指标的煤炭“扬长避短”、物尽其用，从而降低煤炭使用成本。优化配煤，既具有降低成本、提高经济效益的实际意义，又具有促进配煤优化发展的理论价值。

前文已经证明面向订单的煤场配煤优化问题的计算性质是强NP-难的，当解空间增大时，其运算的时间和空间开销将呈指数级增长。在实际应用时，优化配煤除了要求稳定和准确外，还要求实时。穷举法由于计算时间较长，在问题规模较大时，是不符合这个要求的，启发式算法或智能优化算法就成为必然的选择。常用的启发式算法中，遗传算法“爬山”能力较差，容易出现“早熟”现象；禁忌搜索算法占用存储量较大，搜索效率较低；模拟退火算法搜索能力强，收敛速度快。而当待求解问题复杂性较高而且规模较大时，特别是对问题的邻域知识了解甚少的情况下，采用模拟退火算法最合适。因此，本章设计了 2 种改进的模拟退火算法以快速求解面向订单的煤场配煤优化问题。数据试验表明这种方法是有效的。

6.1 模拟退火算法

模拟退火(simulated annealing,简称 SA)算法是基于 Monte Carlo 迭代求解的一种全局概率型搜索算法,是一种串行优化算法,它是对邻域搜索算法的扩展。与一般邻域搜索算法不同,模拟退火算法以一定的概率选择邻域中目标值相对较小的状态,是一种理论上的全局最优算法。其基本思想来源于对热力学中退火过程的模拟,在某一给定初温下,通过缓慢下降温度参数,使算法能够在多项式时间内给出一个近似最优解[78]。虽然早在 1953 年,梅特罗波利斯(Metropolis)就提出了模拟退火算法的思想,但直到 1983 年,柯克帕特里克成功地将模拟退火算法应用在解决大规模组合最优化问题中,真正创建了现代的模拟退火算法。其收敛性要求初温足够高,使解空间各状态能以几乎相同的概率出现。由于现代模拟退火算法是一种通用的优化算法,能够有效地解决具有 NP 复杂性的问题,避免陷入局部最优,克服初值依赖性等,目前已经在工程中得到了广泛的应用,诸如生产调度、控制工程、机器学习、神经网络、图像处理等领域。

模拟退火算法是一种基于 Monte Carlo 迭代求解策略的随机寻优算法,其出发点是基于物理中固体物质的退火过程与一般组合优化问题之间的相似性。它模拟了物理退火过程,由一个给定的初始高温开始,利用具有概率突变特性的 Metropolis 抽样策略在解空间中随机进行搜索,伴随温度的不断下降重复抽样过程,最终得到问题的全局最优解,这就是模拟退火算法的基本思想。模拟退火算法最早是针对组合优化问题提出的，其目的在于：① 为具有 NP 复杂性的问题提供有效的近似算法；② 克服优化过程陷入局部极小；③ 克服初值依赖性。

6.1.1 构成要素

在模拟退火算法执行过程中，算法的效果取决于一组控制参数的选择，关键技术的设计对算法性能影响很大。本节从算法设计的角度讨论算法实现中的一些要素，包括状态表达、邻域定义与移动、热平衡达到和降温函数等的概念。

(1) 状态表达

状态表达是利用一种数学形式来描述系统所处的一种能量状态。在模拟退火算法中，一个状态就是问题的一个解，而问题的目标函数就对应于状态的能量函数。常见的状态表达方法有适用于背包问题和指派问题(assignment problem，简称 AP)的 0-1 编码表示方法，适用于旅行商问题(traveling salesman problem，简称 TSP)和调度问题的自然数编码表示方法以及适用于各种连续函数优化的实数编码表示法等。

(2) 邻域定义与移动

模拟退火算法是基于邻域搜索的。邻域定义的出发点应该是保证其中的解能够尽量遍布整个解空间。其定义方式通常是由问题的性质所决定的。

给定一个解的邻域之后，接下来就要确定从当前解向其邻域中的一个解进行移动的方法。模拟退火算法采用了一种特殊的 Metropolis 准则的邻域移动方法。在模拟退火算法中，邻域的移动分为两种方式：无条件移动和有条件移动。若新解的目标函数值小于当前解的目标函数值，则进行无条件移动；否则，依据一定的概率进行有条件的移动。

设 i 为当前解，j 为其邻域中的一个解，它们的目标函数值分别为 $f(i)$ 和 $f(j)$，用 Δf 来表示它们的目标函数值增量：

$$\Delta f = f(i) - f(j) \tag{6-1}$$

若 $\Delta f<0$，则模拟退火算法无条件从 i 移动到 j（此时 i 比 j 好）；若 $\Delta f>0$，则模拟退火算法依据概率 p_{ij} 来决定是否从 i 移动到 j（此时 j 比 i 好），这里 $p_{ij}=\exp(\frac{-\Delta f}{T_k})$，其中 T_k 是当前的温度。

这种邻域移动方式的引入是实现模拟退火算法进行全局搜索的关键因素，能够保证算法具有跳出局部最小和趋向全局最优的能力。当温度 T_k 很大时，p_{ij} 趋近 1，此时模拟退火算法正在进行广域搜索，它会接受当前邻域中的任何解，即使这个解要比当前解差。而当温度 T_k 很小时，p_{ij} 趋近 0，此时模拟退火算法进行的是局域搜索，它仅接受当前邻域中更好的解。

(3) 热平衡达到

热平衡达到相当于物理退火中的等温过程，是指在一个给定温度 T_k 下，模拟退火算法基于 Metropolis 准则进行随机搜索，最终达到一种平衡状态的过程。这是模拟退火算法中的内循环过程，为了保证能够达到平衡状态，内循环次数要足够大才行。但是在实际应用中达到理论的平衡状态是不可能的，只能接近这一结果。最常见的方法就是将内循环次数设定成一个常数，在每一个温度，内循环迭代相同的次数。次数的选取同问题的实际规模有关，往往根据一些经验公式获得。此外，还有其他一些设置内循环次数的方法，比如根据温度 T_k 来计算内循环次数，当温度 T_k 较大时，内循环次数较少，当温度 T_k 减小时，内循环次数增加。

(4) 降温函数

降温函数用来控制温度的下降方式,这是模拟退火算法中的外循环过程。利用温度的下降来控制算法的迭代是模拟退火算法的特点。从理论上来说,模拟退火算法仅要求温度最终趋于0,而对温度的下降速度并没有限制,但这并不意味着可以随意下降温度。温度的大小决定着模拟退火算法是进行广域搜索还是局部搜索:当温度很高时,当前邻域中几乎所有的解都会被接受,模拟退火算法进行广域搜索;当温度变低时,当前邻域中越来越多的解将被拒绝,模拟退火算法进行邻域搜索。若温度下降得过快,模拟退火算法将很快从广域搜索转变为局域搜索,这就很可能造成过早地陷入局部最优状态。为了跳出局部最优,只能通过增加内循环次数来实现,这就会大大增加算法进程的 CPU 时间。当然,如果温度下降得过慢,虽然可以减少内循环次数,但是由于外循环次数的增加,也会影响模拟退火算法进程的 CPU 时间。可见,选择合适的降温函数能够帮助提高模拟退火算法的性能。

常用的降温函数有两种:

(1) $T_{k+1}=T_k\cdot r$,其中 $r\in(0.95,0.99)$,r 越大温度下降得越慢。这种方法的优点是简单易行,温度每一步都以相同的比率下降。

(2) $T_{k+1}=T_k-\Delta T$,ΔT 是温度每一步下降的长度。这种方法的优点是易于操作,而且可以简单控制温度下降的总步数,温度每一步下降的大小都相等。

此外,初始温度和终止温度的选择对模拟退火算法的性能也会有很大的影响。一般来说,初始温度 T_0 要足够大,也就是使:

$$\frac{f_i}{T_0}\approx 0 \tag{6-2}$$

这样保证模拟退火算法在开始时能够处在一种平衡状态。在实际应用中，要根据以往经验，通过反复试验来确定 T_0 的值。而终止温度 T_f 要足够小，以保证模拟退火算法有足够的时间获得最优解。T_f 的大小一般可以根据降温函数的形式来确定：若降温函数为 $T_k<T_f$，则可以将 T_f 设成一个很小的正数；若降温函数为 $T_{k+1}=T_k-\Delta T$，则可以根据预先设定的外循环次数和初始温度 T_0 计算出终止温度 T_f 的值。

6.1.2 计算步骤

一个优化问题可以描述为：

$$\text{Minimize } z=f(i), i\in S \tag{6-3}$$

式中，S 是一个离散有限状态空间；i 代表状态。针对这样一个优化问题，模拟退火算法的计算步骤描述如下：

第 1 步：初始化。任选初始解 $i\in S$，给定初始温度 T_0 和终止温度 T_f，令迭代指标 $k=0$，$T_k=T_0$。

第 2 步：随机产生一个邻域解，$j\in N(i)$，其中 $N(i)$表示 i 的邻域，计算目标函数值增量 $\Delta f=f(j)-f(i)$。

第 3 步：若 $\Delta f<0$，令 $i=j$ 转第 4 步；否则，产生 $\xi=U(0,1)$，若 $\exp(\frac{-\Delta f}{T_k})>\xi$，则令 $i=j$。

第 4 步：若达到热平衡[内循环次数大于 $n(T_k)$]，转第 5 步；否则转第 2 步。

第 5 步：降低 T_k，$k=k+1$，若 $T_k<T_f$，则停止计算，否则转第 2 步。

6.1.3 计算流程

根据上述计算步骤，模拟退火算法的计算流程如图 6-1 所示。

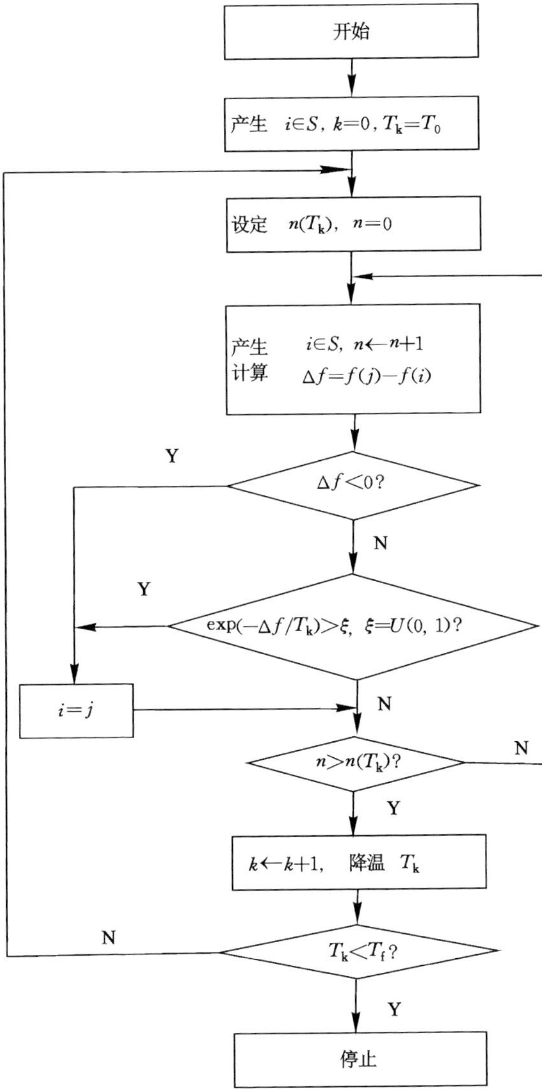

图 6-1 模拟退火算法计算流程图

6.2 算法描述及实现步骤

本书设计了两种模拟退火算法，分别命名为 SA1 和 SA2。

SA1 如下：

（1）初始解的生成方法

为了增强初始解的随机性及克服初值依赖性，在所有掺配煤种中，随机选取 3 种煤生成初始解。这个初始解，可能是可行解，也可能是非可行解。但是，随着迭代的进行，非可行解将逐渐被淘汰，搜索的区域将逐渐集中到可行解分布的区域。

（2）邻域策略

模拟退火算法是一种基于邻域搜索技术的算法，确定邻域操作方法是构造该算法的一个重要步骤。本书的邻域采用交换的策略产生。例如，在一次邻域搜索过程中，当前解掺配煤种是(2,5,8)，未参与配煤的煤种是(1,3,4,6,7,9,10)。取出煤种 2，分别放入煤种 1、3、4、6、7、9、10，构成了掺配煤种(2,5,8)的 7 个邻域解，类似的邻域解共有 21 个。由于相关文献缺乏对掺配煤种邻域的探索和了解，本书通过计算邻域解的约束，即配煤的硫分、水分、灰分、挥发分和发热量，一旦出现不满足约束即订单要求，就把这个邻域解过滤掉，从而滤掉一些无效邻域，使搜索空间减小，加快搜索进程。

（3）新解的产生机制

在当前解的基础上，通过邻域结构产生新解的机制称为新解的产生机制。采用两种方法产生新解，选择其中目标函数较小的一个新解。

方法 1：在当前解的基础上，分别搜索和计算当前解的 7 个邻域解，若有改进，则替换为更新的当前解；若没有改进，则不替换。

方法 2：为了增强新解的随机性，避免陷入局部最优，在当前解的基础上，随机取出一种掺配煤种，再随机放入一种未掺配煤种，这样就生成了一个新解。

在此基础上，采用 $\min\{1,\exp(-\Delta price/t)\}>random[0,1]$ 准则作为接受新解的方案，其中，$\Delta price$ 是当前配煤方案和新产生的配煤方案的成本差，t 是当前温度。

(4) 降温方法

① 初始温度。初始温度越高，获得高质量解的概率越大，但花费的计算时间将增加。因此，初始温度的确定应折中考虑优化质量和优化效率，常用的方法包括：均匀抽样一组状态，以各状态目标函数值的方差为初始温度；随机抽样一组状态，确定两种状态间的最大目标值差，然后依据差值，利用一定的函数确定初始温度并利用经验公式给出。

本书采用第二种方法确定初始温度。首先确定待掺配煤种的最高价格 $Price_{max}$ 和最低价格 $Price_{min}$，采用 $t_0=-\Delta Price/\lg p_r$ 计算初始温度。其中，$\Delta Price=Price_{max}-Price_{min}$，$p_r$ 是初始接受概率。

② 降温函数。降温函数用来控制温度的下降方式。温度的大小决定着模拟退火算法进行广域搜索还是邻域搜索，当温度很高时，当前邻域中几乎所有的解都会被接受，模拟退火算法进行广域搜索；当温度变低时，当前邻域中越来越多的解被拒绝，模拟退火算法进行邻域搜索。若温度下降得过快，模拟退火算法将很快从广域搜索转变为邻域搜索，这就很可能造成过早地陷入局部最优状态；如果温度下降得过慢，虽然可以减少在当前温度内的循环次数，但是由于不同温度下循环次数的增加，也会影响算法进程的时

间。选择合理的降温函数能够帮助提高模拟退火算法的性能。常用的降温函数有两种。一种是 $T_{k+1}=T_k \cdot r$,其中 r 是降温系数,$r \in (0.95,0.99)$,r 越大温度下降得越慢。这种方法的优点是简单易行,每一步温度都以相同的比率下降。另一种是 $T_{k+1}=T_k-\Delta T$,ΔT 是温度每一步下降的长度,这种方法易于操作,而且可以简单控制温度下降的总步数,每一步温度下降的大小都相等。本书采用第一种降温函数。

③ 每一温度迭代步长的确定。采用固定的迭代步长 l,即在每一温度迭代相同的步数,步数根据问题的规模确定。本书确定的迭代步长等于掺配煤种数。

(5) 终止准则

常用的终止准则包括设置终止温度、设置循环代数以及算法搜索最优值连续若干步没有改进。本书采用两种方法确定迭代终止:在相同的温度内,得到的当前解连续若干步迭代没有改进,或温度下降到终止温度。本书确定的没有改进的迭代步长等于掺配煤种数。

SA2 与 SA1 的区别仅仅在于新解产生的方式不同,采用上述方法 2 产生一个新解。

上述算法涉及的参数包括初始温度 t_0、初始接受概率 p_r、降温系数 r、迭代步长 l、在相同的温度内得到的当前解没有改进的连续迭代步数 d、终止温度 $t_{\min}$。

6.3 计算试验与分析

采用 MATLAB2013a 软件在计算机上编程试验。

6.3.1 计算数据

计算数据采用 5.1 中的数据进行计算说明，具体数据如表 5-1 所列。用户订单要求同样是从表 5-1 的 10 种原煤中挑选出 3 种按一定比例进行掺配，即：发热量≥23.0 MJ/kg，挥发分≥25%，硫分≤1.0%，水分≤10%，灰分≤30%；在达到上述煤质指标要求的情况下使混煤的成本最低。

6.3.2 计算结果

目前，模拟退火算法参数的确定没有一个统一的方法，参数的选择仍然依赖于一些启发式准则和待求解问题的性质。结合上述实际问题数据，经过多次计算和试验，本书设计的模拟退火算法设定的参数如下：初始温度 $t_0=65$、初始接受概率 $p_r=0.1$、降温系数 $r=0.9$、迭代步长 $l=10$、终止温度 $t_{min}=0.01$，在相同的温度内得到的当前解没有改进的连续迭代步数 $d=10$。

(1) SA1

在相同条件下，采用模拟退火 SA1 进行 40 次试验，每次试验也都找到了最优的掺配煤种、掺配比例及配煤成本。这 40 次试验的计算耗时如表 6-1 所列，平均耗时 14.618 4 s，耗时标准差 12.762 8；迭代计算过程中，各代平均配煤成本 302.649 4，配煤成本标准差 17.006 8。其中一次计算的收敛曲线如图 6-2 所示，当模拟退火 SA1 迭代到第 39 代时，就找到了最优解，耗时0.483 3 s，收敛的速度也是较快的。

表 6-1　　　　SA1 计算耗时

序号	耗时/s	序号	耗时/s	序号	耗时/s	序号	耗时/s
1	15.936 9	11	1.446 0	21	53.791 1	31	5.888 2
2	21.786 4	12	22.358 2	22	4.441 1	32	37.489 0
3	0.323 8	13	2.466 1	23	2.421 4	33	0.334 8
4	14.434 9	14	27.564 0	24	2.168 1	34	35.096 0
5	22.852 0	15	37.166 2	25	30.708 1	35	22.006 0
6	8.826 8	16	9.306 0	26	4.884 0	36	19.859 2
7	7.562 1	17	23.994 8	27	11.819 7	37	7.507 7
8	7.580 1	18	26.138 2	28	8.103 3	38	8.679 3
9	7.775 3	19	6.907 1	29	8.369 2	39	4.718 1
10	0.176 2	20	12.630 9	30	6.447 1	40	32.773 6

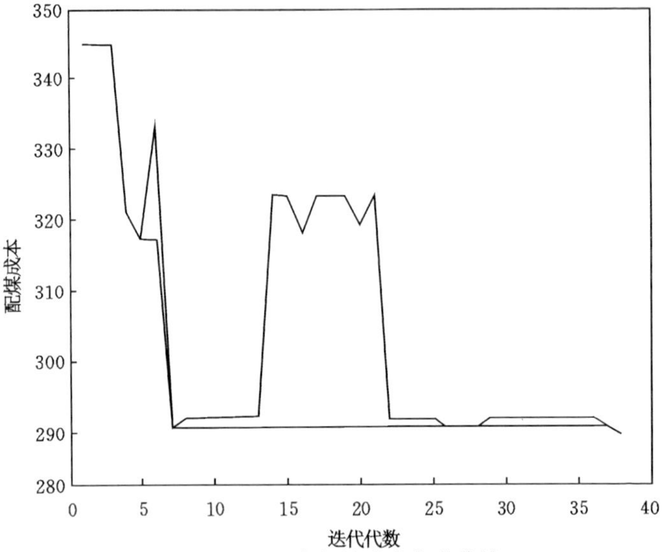

图 6-2　SA1 求解的成本收敛曲线

（2）SA2

在相同条件下，采用 SA2 进行 40 次试验，每次试验均找到了最优的掺配煤种、掺配比例及配煤成本。这 40 次试验的计算耗时如表 6-2 所列，平均耗时 0.775 2 s，耗时标准差 0.737 6；迭代计算过程中，各代平均配煤成本 305.204 2，配煤成本标准差 18.074 3。其中一次计算的成本收敛曲线如图 6-3 所示，当 SA2 算法迭代到第 31 代时，就找到了最优解，耗时 4.747 5 s，收敛速度是很快的。

表 6-2　　SA2 计算耗时

序号	耗时/s	序号	耗时/s	序号	耗时/s	序号	耗时/s
1	0.533 6	11	0.965 6	21	0.410 2	31	0.622 5
2	0.016 2	12	2.874 4	22	1.177 0	32	2.214 2
3	1.058 3	13	0.597 1	23	1.092 1	33	1.663 3
4	0.175 1	14	0.142 9	24	2.001 1	34	0.081 9
5	0.152 3	15	0.191 8	25	0.202 6	35	0.704 2
6	0.238 1	16	0.331 2	26	1.568 6	36	0.056 0
7	0.046 9	17	0.197 5	27	0.162 8	37	0.608 9
8	0.809 9	18	0.959 3	28	2.055 3	38	0.088 9
9	1.566 7	19	0.051 2	29	1.370 1	39	0.507 9
10	1.263 6	20	0.045 8	30	0.280 9	40	1.921 1

6.3.3　计算结果比较与分析

在停止计算时，穷举法、SA1 和 SA2 均找到了最优解，计算效果相当，但计算耗时、各代平均配煤成本差别较大。

首先，SA1 与穷举法比较，平均耗时提高了 143.67%，增幅非常大，计算很慢；耗时标准差也比较大，耗时波动较大；各代平均配煤成本也较高。

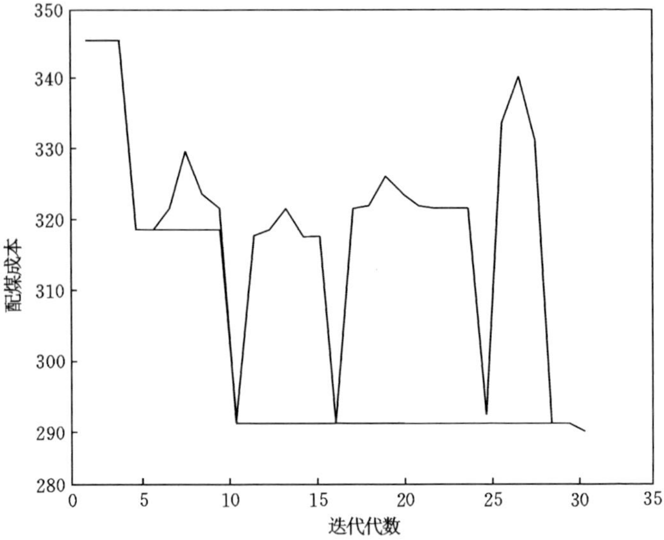

图 6-3　SA2 求解的成本收敛曲线

其次，SA2 与穷举法比较，平均耗时降低了 86.76%，降幅非常大，计算很快；耗时标准差也比较小，耗时比较稳定；各代平均配煤成本也较高。

最后，SA1 与 SA2 相比较，平均耗时提高了 1 785.76%，耗时标准差提高了 1 630.31%，表明 SA1 的平均耗时及波动均大幅提高；各代平均配煤成本降低了 0.84%，平均配煤成本标准差降低了 5.91%，表明 SA1 的求解质量和稳定性均比 SA2 要好。但是，可以看出，SA1 在求解质量和稳定性提高的同时，耗时也迅速提高，求解质量和稳定性的提高是以花费更多的计算时间为代价的。这是由于 SA1 是在 SA2 的基础上进行了大量的邻域搜索，而邻域搜索本身就耗时较长；SA2 在产生新解的时候，是进行的“盲跳”，而 SA1 则不是在“盲跳”，而是系统地探索了更大的解空间，因而耗时标准差也缩小了。

总体来看,穷举法计算稳定,耗时较长;SA1 计算很慢,但求解效果和稳定性较好;SA2 计算很快,但求解效果和稳定性较差。实际情况下,可以权衡选择穷举法、SA1 或 SA2。

6.4 本章小结

由于面向订单的煤场配煤优化问题计算性质是强 NP-难的,目前对此问题的邻域知识了解甚少,当掺配煤种较多时,计算确实困难。因此,本章设计了 2 种改进的模拟退火算法以求快速求解面向订单的煤场配煤优化问题。数据试验表明模拟退火算法是有效的。

7 改进粒子群优化算法求解面向订单的煤场配煤优化问题

粒子群优化(PSO)算法是在1995年由美国心理学家埃伯哈特和电气工程师肯尼迪受到鸟类觅食行为的启发而提出的一种基于群体智能理论的新兴演化计算技术。PSO算法模拟鸟类的觅食行为,将问题的搜索空间类比于鸟类的飞行空间,将每只鸟抽象为一个无质量无体积的微粒,用以表征问题的一个候选解,优化所需要寻找的最优解则等同于要寻找的食物。PSO算法为每个微粒制订了类似于鸟类运动简单行为规则,从而使整个微粒群的运动表现出与鸟类觅食类似的特性,能用于求解复杂的优化问题。作为一种通过对自然界中生物捕食现象的模拟而提出的群体进化算法,PSO算法具有记忆微粒最佳位置的能力和微粒间信息共享的机制,即通过种群间个体的合作与竞争来实现优化问题的求解。PSO算法与人工生命,特别是进化算法有着极为特殊的联系。但是相比进化算法,PSO算法保留了基于种群的全局搜索策略,采用简单的速度-位移模型,避免了复杂的遗传操作等,同时它特有的记忆使其可以跟踪当前的搜索情况并调整其搜索策略[79]。因此,PSO算法成为当今诸多领域的热点研究内容,并在许多领域的诸多问题如背包问题、旅行商问题、生产调度等NP-难问题求解等得到了成功应用。因此,本章尝试采用改进的PSO算法求解面向订单的煤场配煤优化问题。

PSO 算法简单、易实现、参数少，适合于求解连续优化问题。而求解离散优化问题并不是其优势所在，如何对粒子连续的位置值进行离散，是 PSO 算法求解离散优化问题的难点。结合问题实际，为确定掺配煤种即确定粒子取值为 1 的维度，本书提出了两种不同的方式来离散粒子位置值。第一种方式首先根据粒子不同维度的位置值进行降序排列，排序靠前的数位位置值取值为 1，其余位置值取值为 0，以此对粒子的位置值进行离散。第二种方式在肯尼迪提出的依据粒子速度函数的概率来离散粒子位置值的基础上，随机选取数位取值为 1 的维度。数据试验表明算法是有效的。

7.1 粒子群优化算法

粒子群优化算法由于其算法简单、易于实现、无序梯度信息、参数少等特点在连续优化问题和离散优化问题中都表现出良好的效果，特别是因为其天然的实数编码特点适合于处理最优化问题，近年来成为国际上智能优化领域研究的热门。在算法的理论研究方面，有部分研究者对算法的收敛性进行了分析，更多的研究者致力于研究算法的结构和性能改进，包括参数分析、拓扑结构、粒子多样性保持、算法融合和性能改进等。粒子群优化算法最早应用于非线性连续函数的优化和神经元网络的训练，后来也被应用于解决约束优化问题、多目标优化问题和动态优化问题等。

粒子群优化算法的提出是基于对简化的社会模型的模拟。由肯尼迪和埃伯哈特于 1995 年提出，在对赫珀的模仿鸟群飞行的模型进行修正的基础上，通过模拟鸟群觅食行为，以使粒子能够飞向解空间，并在最好处降落，从而发展了粒子群优化算法。它是一种基于群体协作行为的随机搜索算法。

7.1.1 算法原理

一个由 m 个粒子组成的群体在 D 维搜索空间中以一定的速度飞行，每个粒子在搜索时，考虑到了自己搜索到的历史最好点和群体内（或邻域内）其他粒子的历史最好点，在此基础上进行位置（状态，也就是解）的变化。

第 i 个粒子的位置表示为：$x_i=(x_{i1},x_{i2},\cdots,x_{iD})$；

第 i 个粒子的速度表示为：$v_i=(v_{i1},v_{i2},\cdots,v_{iD})$，$1\leqslant i\leqslant m$，$1\leqslant d\leqslant D$；

第 i 个粒子经过的历史最好点表示为：$p_i=(p_{i1},p_{i2},\cdots,p_{iD})$；

群体内（或邻域内）所有粒子所经过的最好点表示为：$p_g=(p_{g1},p_{g2},\cdots,p_{gD})$。

一般来说，粒子的速度和位置都是在连续的实数空间内进行取值。粒子的速度和位置根据如下方程进行变化：

$$v_{iD}^{k+1}=v_{iD}^{k}+c_1\xi(p_{iD}^{k}-x_{iD}^{k})+c_2\eta(p_{gD}^{k}-x_{iD}^{k}) \tag{7-1}$$

$$x_{iD}^{k+1}=x_{iD}^{k}+v_{iD}^{k+1} \tag{7-2}$$

其中，c_1 和 c_2 称为学习因子或加速系数，一般为正常数。学习因子使粒子具有自我总结和向群体内或邻域内的历史最优点靠近的能力。c_1 和 c_2 通常等于 2。$\xi\in U[0,1]$，$\eta\in U[0,1]$，是在[0,1]区间内均匀分布的伪随机数。粒子的速度被限制在一个最大速度 $V_{\max}$ 的范围内。

当把群体内所有粒子都作为邻域成员时，得到粒子群优化算法的全局版本；当群体内部分成员组成邻域时得到粒子群优化算法的局部版本。局部版本中，一般由两种方式组成邻域，一种是索引号相邻的粒子组成邻域,另一种是位置相邻的粒子组成邻域。粒子群优化算法的邻域定义策略又可以称为粒子群的邻域拓扑结构。

7.1.2 算法流程

基本粒子群优化算法的流程如下。

第 1 步:在初始化范围内,对粒子群进行随机初始化,包括随机位置和速度。

第 2 步:计算每个粒子的适应值。

第 3 步:对于每个粒子,将其适应值与所经过的最好位置的适应值进行比较,如果更好,则将其作为粒子的个体历史最优值,用当前位置更新个体历史最好位置。

第 4 步:对于每个粒子,将其历史最优适应值与群体内或邻域内所经历的最好位置的适应值进行比较,如果更好,则将其作为当前的全局最好位置。

第 5 步:根据式(7-1)和式(7-2)对粒子的速度和位置进行更新。

第 6 步:若未达到终止条件,则转第 2 步。

下面对该算法中粒子的社会行为进行分析。从粒子的速度更新方程式(7-1)可以看到,基本粒子群优化算法中,粒子的速度主要由以下 3 个部分构成。

(1) 前次迭代中自身的速度。方程式(7-1)右侧第一项,这是粒子飞行中的惯性作用,是粒子能够进行飞行的基本特征。

(2) 自我认知的部分。方程式(7-1)右侧第二项,表示粒子飞行中考虑到自身的经验,向自己曾经找到的最好点靠近。

(3) 社会经验的部分。方程式(7-1)右侧第三项,表示粒子飞行中考虑到社会的经验,向邻域中其他粒子学习,使粒子在飞行时向邻域内所有粒子曾经找到的最好点靠近。

7.1.3 构成要素

粒子群优化算法的构成要素包括算法的相关参数:群体大小、学习因子、最大速度和惯性权重。也包括算法设计中的相关问题:邻域拓扑结构、停止准则和粒子空间的初始化。

(1) 群体大小 m

m 是个整型参数。当 m 很小时,陷入局部最优的可能性很大。然而,群体过大将导致计算时间大幅度增加。并且当群体数目增长至一定水平时,再增长将不会有显著的作用。当 $m=1$ 时,粒子群优化算法变为基于个体搜索的技术,一旦陷入局部最优,将不可能跳出。当 m 很大时,粒子群优化算法的优化能力很好,可是收敛的速度将非常缓慢。

(2) 学习因子 c_1 和 c_2

学习因子使粒子具有自我总结和向群体中优秀个体学习的能力,从而面向群体内或邻域内最优点靠近。c_1 和 c_2 通常等于 2,不过在有的文献中也有其他的取值,但是一般 c_1 等于 c_2,并且范围在 0～4。

(3) 最大速度 V_{max}

最大速度决定粒子在一次迭代中最大的移动距离。V_{max} 较大时,探索能力增强,但是粒子容易飞过最好解;V_{max} 较小时,开发能力增强,但是容易陷入局部最优。有分析和试验表明,设定 V_{max} 的作用可以通过惯性权重的调整来实现。所以现在的试验基本上使用 V_{max} 进行初始化,将 V_{max} 设定为每维变量的变化范围,而不必进行细致的调整与调节。

(4) 惯性权重

智能优化算法的运行是否成功,探索能力和开发能力的平衡非常关建。对于粒子群优化算法来说,这两种能力的平衡就是靠惯性权重来实现的。较大的惯性权重使粒子在自己原来的方向上具有更大的速度,从而在原来的方向上飞行更远,具有更好的探索能力;较小的惯性权重使粒子继承了较少的原方向的速度,从而飞行较近,具有更好的开发能力。通过调节惯性权重能够调节粒子群的搜索能力。

(5) 邻域拓扑结构

全局版本粒子群优化算法将整个群体作为粒子的邻域,速度快,不过有时会陷入局部最优;局部版本粒子群优化算法将索引号相近或者位置相近的个体作为粒子的邻域,收敛速度慢一点,不过很难达到局部最优。显然,全局版本的粒子群优化算法可以看作局部版本粒子群优化算法的一个特例,即将整个群体都作为邻域。

(6) 停止准则

一般以最大迭代次数或可以接受的满意解作为停止准则。

(7) 粒子空间的初始化

较好地选择粒子的初始化空间,将大大缩短收敛时间。

从上面的介绍可以看到,实际上粒子群优化算法并没有过多需要调整的参数。相对来说,惯性权重和邻域定义较为重要。

7.1.4 标准粒子群优化算法

为改善算法收敛性能,前人引入了惯性权重的概念,将速度更新方程修改为:

$$v_{id}^{k+1}=\omega v_{id}^{k}+c_1\xi(p_{id}^{k}-x_{id}^{k})+c_2\eta(p_{gd}^{k}-x_{id}^{k}) \tag{7-3}$$

其中,ω 称为惯性权重,其大小决定了对粒子当前速度继承的多少，合适的选择可以使粒子具有均衡的探索能力（即广域搜索能力）和开发能力（即局部搜索能力）。可见，基本粒子群优化算法是惯性权重 $\omega=1$ 的特殊情况。

分析和试验表明，设定 V_{max} 的作用可以通过惯性权重的调整来实现。现在的粒子群优化算法基本上使用 V_{max} 进行初始化，将 V_{max} 设定为每维变量的变化范围，而不必进行细致的调整与调节。

目前，对于粒子群优化算法的研究大多以带有惯性权重的粒子群优化算法为对象进行分析、扩展和修正，因此大多数文献中将带有惯性权重的粒子群优化算法称为粒子群优化算法的标准版本，或者称为标准粒子群优化算法；而将前述粒子群优化算法称为初始粒子群优化算法或基本粒子群优化算法，或者称为粒子群优化算法的初始版本。

7.1.5　粒子群优化算法的优缺点

粒子群优化算法的搜索性能取决于其全局探索和局部改良能力的平衡，这很大程度上依赖算法的控制参数，包括种群规模、最大速度、最大迭代次数、惯性权重和学习因子等。归纳而言，粒子群优化算法具有如下优点：

（1）算法通用性强，不依赖于问题信息。

（2）群体搜索能力强，并具有记忆能力，保留局部个体和全局种群的最优信息。

（3）原理简单，容易实现。

（4）协同搜索，同时利用个体局部信息和群体全局信息指导搜索。

当然，粒子群优化算法也存在许多缺点，譬如：

（1）算法局部搜索能力差，搜索精度不够高。

(2) 算法不能够绝对保证搜索到全局最优解，容易陷入局部极小解。

(3) 算法搜索性能对参数具有一定的依赖性。

(4) 算法理论不完善，尤其缺少算法设计的实用性指导原则。

鉴于粒子群优化算法存在的一些缺点，目前相关的改进主要集中在位置和速度更新公式、多种群、赋予粒子更多智能、邻域拓扑结构、混合算法等几个方面[80]。

7.2 算法描述

首先解释算法实现的几个关键点，然后描述算法实现的具体步骤。

7.2.1 计算关键

(1) 编码方法

本问题采用二进制编码，即粒子的位置向量的每一位取值为 0 或 1。在这个 0-1 向量中，位置值为 1，则选取这种煤掺配；位置值为 0，则不选。编码长度为掺配煤种数 m。例如在 10 种单种煤中选取 3 种煤的一个编码向量如下：$\boldsymbol{X}=[0100010010]$，其中 $x_2=1$，$x_6=1$，$x_9=1$，其余位置值取 0，表示煤种 2、6 和 9 参与配煤。

(2) 评价函数

评价函数为 $\sum_{i=1}^{m}(x_i c_i)$，表示配煤的成本。

(3) 学习因子与惯性权重

学习因子使粒子具有自我总结和向群体中优秀个体学习的能

力，从而向群体内最优点靠近。固定的学习因子使粒子在飞行时有自我总结和向群体中优秀个体学习的能力，一般 $c_1=c_2=2$，也有取其他值的，且范围在 0～4，但也有不相等的。

惯性权重使粒子群优化算法的探索能力与开发能力保持平衡。较大的惯性权重使粒子在自己原来的方向上具有更大的速度，从而在原方向上飞行更远，具有更好的探索能力；较小的惯性权重使粒子继承了较少的原方向的速度，从而飞行较近，具有更好的开发能力。

本书采用两种方式确定学习因子与惯性权重。

方式 1：固定的学习因子与惯性权重。本书设置的学习因子 $c_1=c_2$，从 0.1 变化到 1.5，步长为 0.1，通过试验具体确定；惯性权重从 0.1 变化到 1，步长为 0.1，通过试验具体确定。

方式 2：时变的学习因子与惯性权重。文献[78]指出异步时变的学习因子与线性减小的时变权重配合使用优化效果较好。第 iter 次迭代时的学习因子如下：

$$c_1=(c_{1f}-c_{1i})\frac{\text{iter}}{\text{Iter}_{\max}}+c_{1i} \tag{7-4}$$

$$c_2=(c_{2f}-c_{2i})\frac{\text{iter}}{\text{Iter}_{\max}}+c_{2i} \tag{7-5}$$

其中，c_{1i}、c_{1f} 和 c_{2i}、c_{2f} 均为常数，分别为 c_1 和 c_2 的初始值和最终值。对于大多数情况如下设置优化效果较好：$c_{1i}=2.5$，$c_{1f}=0.5$，$c_{2i}=0.5$，$c_{2f}=2.5$。$\text{Iter}_{\max}$ 为最大迭代次数，iter 为当前迭代次数。

第 iter 次迭代时线性减小的惯性权重如下：

$$\omega_{\text{iter}}=\omega_{\max}-\frac{\omega_{\max}-\omega_{\min}}{\text{Iter}_{\max}}\times\text{iter} \tag{7-6}$$

惯性权重的取值范围为$[\omega_{\min},\omega_{\max}]$，最大权重 $\omega_{\max}$ 和最小权重 $\omega_{\min}$ 通常根据实际问题来确定。这样设置使得粒子群在搜索初期加强全局搜索,在搜索后期促使粒子收敛于全局最优解。由于惯性权重一般介于 0～1,因此取 $\omega_{\min}=0,\omega_{\max}=1$。

(4) 粒子飞行速度

本问题采用 0-1 向量编码,粒子的飞行速度应该介于 0～1,因此,设置粒子飞行最大速度 $V_{\max}=1$。

(5) 粒子运动公式

粒子运动时的速度更新公式如式(7-3)所示。本书采用两种方式更新并离散化粒子的位置。

方式 1:采用肯尼迪提出的位置更新方式。

$$x_{id}^{k+1}=\begin{cases}1,\text{random}<S(v_{id}^{k+1})\\0,\text{其他}\end{cases}\tag{7-7}$$

$$S(v_{id}^{k+1})=\frac{1}{1+\exp(-v_{id}^{k+1})}\tag{7-8}$$

其中,random∈[0,1],是在[0,1]区间内均匀分布的伪随机数。这里 v_{id}^{k+1} 不再表示 $k+1$ 次迭代时粒子飞行的速度。其意义在于,根据 v_{id}^{k+1} 的值计算确定 x_{id}^{k+1} 取值为 1 或 0 的概率,这个概率由函数 $S(v_{id}^{k+1})$ 来表达。即不论 k 次迭代时粒子的位置值为 0 还是 1,在 $k+1$ 次迭代时都以概率 $S(v_{id}^{k+1})$ 取 1,以概率 $1-S(v_{id}^{k+1})$ 取 0。

采用这种方式离散化粒子的位置后,位置值取 1 的个数假设为 b' 个。b' 可能大于 b,也可能小于 b。

若 $b'>b$,则从位置值取 1 的 b' 个位置中随机选取 b 个位置取值为 1,其余的位置值取值为 0。

若 $b'<b$,则从位置值取 0 的 $(m-b')$ 个位置中随机选取 $(b-b')$ 个位置取值 1,其余的位置仍取值为 0。

通过这样的调整,保证粒子群迭代时每个粒子表示的配煤方

案均取 b 种单种煤掺配。

方式 2：由于要从 m 种单种煤中最多选择 b 种单种煤掺配，因此在二进制编码中，最多有 b 个位置值取 1，其余 $(m-b)$ 个位置值取 0。在粒子按照式(7-1)更新速度、式(7-2)更新位置后，再按照以下步骤对粒子的位置离散化。

第 1 步：记粒子 i 的第 d 维的位置值为 x_{id}，对于粒子 i 的所有位置值，按降序排列，记第 b 位的位置值为 x_{ib}。

第 2 步：按以下公式对所有粒子位置值离散化：

$$x_{id}' = \begin{cases} 1, x_{id} \geqslant x_{ib} \\ 0, \text{其他} \end{cases} \tag{7-9}$$

式中，x_{id}' 表示离散化后粒子 i 在维度 d 上新的位置值。

(6) 粒子群规模 N_{um}

粒子群规模过小则算法陷入局优的可能性很大；规模过大时，虽然可以增加算法的稳定性，但导致计算时间大幅增加，且增大到一定水平时，再增长将不再有显著的作用。本书设置的粒子群规模 N_{um} 等于掺配煤种数 m。

(7) 终止准则

常用的终止准则包括设置迭代次数或计算时间，或者算法搜索到最好解连续若干代没有改进。本书最后数据试验的目的在于验证所设计算法的性能，因此采用 2 种方法确定迭代终止，即：达到设定的迭代次数或搜索到最优解。

7.2.2 计算步骤

具体计算实现的步骤如下。

第 1 步：初始化参数。设置粒子群规模 N_{um}、惯性权重 ω、学习因子 c_1 和 c_2、粒子飞行最大速度 $V_{\max}$；最大迭代次数 $\mathrm{Iter}_{\max}$、迭

代次数 iter＝0。

第 2 步：初始化粒子群位置和速度。对于粒子 i，选取 b 个 1，随机放到 m 维 0 向量的 b 个位置上；对于粒子 i 在维度 d 上的初始速度 v_{id}^{0}，在$[-V_{\max},V_{\max}]$范围内随机初始化。

第 3 步：计算每个粒子所表示的配煤方案成本。若某个粒子表示的配煤方案不可行，初始化这个粒子的位置和速度。找到并更新每个粒子的个体极值 p_{id}^{k} 及整个粒子群的全局极值 p_{gd}^{k}。

第 4 步：检查是否有某个粒子的位置等于种群的最佳位置，若有，则初始化这个粒子的位置和速度。

第 5 步：采用式(7-3)更新粒子的速度，采用方式 1 或方式 2 更新粒子的位置。

第 6 步：如果 $\text{iter}<\text{Iter}_{\max}$，$\text{iter}=\text{iter}+1$；若 $\text{iter}=\text{Iter}_{\max}$，或搜索到最优解，结束计算，输出结果。

本章分别采用 2 种方式确定学习因子与惯性权重以及更新并离散化粒子的位置，这样的组合算法共有 4 种，为方便起见命名如表 7-1 所列。

表 7-1　　设计算法的命名

学习因子与惯性权重	位置离散化方式	算法命名
方式 1	方式 1	PSO1
方式 1	方式 2	PSO2
方式 2	方式 1	PSO3
方式 2	方式 2	PSO4

7.3 计算试验与分析

采用 MATLAB2013a 软件在计算机上编程试验。

7.3.1 计算数据

鉴于到目前为止煤场配煤优化问题尚没有一个统一的比较算例，本章仍然采用文献[57]中 10 种原煤的数据进行计算说明，具体数据如表 5-1 所列。要从 10 种原煤中挑选出 3 种按一定比例进行掺配，以满足客户订单的要求。客户订单要求如下：发热量≥23.0 MJ/kg，挥发分≥25%，硫分≤1.0%，水分≤10%，灰分≤30%。在达到上述煤质指标要求的情况下使混煤的成本最低。

由第 5 章穷举法计算结果可知，从 10 种原煤挑选 3 种按一定比例掺配的最低配煤成本是 287.491 0，由煤种 3、7、9 按照 13.75%、22.67%和 63.57%的比例掺配，硫分、水分、灰分、挥发分和发热量分别是 1.000 0%、2.538 5%、19.719 2%、25.0000%和 24.363 2 MJ/kg。

7.3.2 计算参数

目前，除了采用时变的学习因子与惯性权重方法以外，PSO 算法参数的确定没有一个统一的方法，参数的选择仍然依赖于一些启发式准则和待求解问题的性质。结合上述实际问题数据，可以确定的参数包括粒子群规模 $N_{um}=10$、最大迭代次数 $Iter_{max}=100$、粒子飞行最大速度 $V_{max}=1$。算法 PSO1 与 PSO2 需要确定学习因子 c_1 与 c_2、惯性权重 ω，算法 PSO3 与 PSO4 则不需要确定学习因子与惯性权重。

为了确定算法 PSO1 与 PSO2 的学习因子与惯性权重，进行了数据试验。试验设置如下：学习因子 c_1 与 c_2 从 0.1 增加到 1.5，步长为 0.1；惯性权重 ω 从 0.1 增加到 1，步长为 0.1。每一个学习因子与惯性权重参数的组合均进行 100 轮试验，每轮试验粒子群迭代 100 次。评价算法优劣的标准是首先衡量算法求得最优解的比例，然后衡量平均计算耗时。

对于算法 PSO1，最优求解比例为 100%，计算耗时如图 7-1 所示。其中，最好的计算结果出现在学习因子 $c_1=c_2=1.2$，惯性权重 $\omega=1$。这时，平均计算耗时 0.487 7 s，标准差 0.303 7；粒子平均迭代次数 5.530 0 次，标准差 3.382 8；最优求解比例 100%。因此，对于算法 PSO1，学习因子与惯性权重分别设置为 $c_1=c_2=1.2$ 和 $\omega=1$ 时计算效果最好。

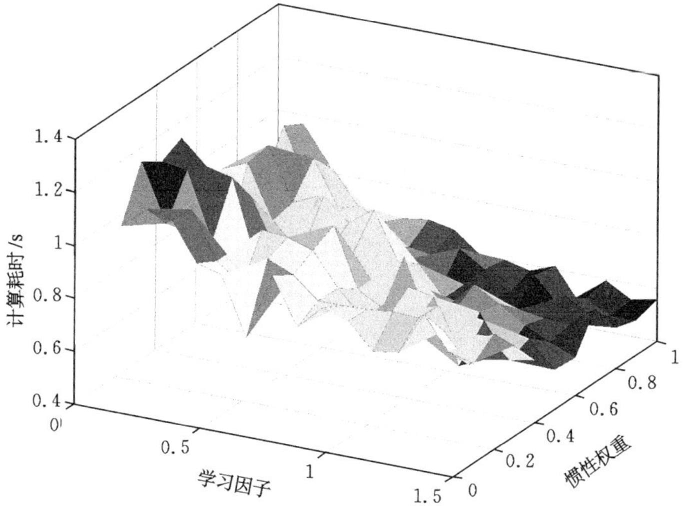

图 7-1　算法 PSO1 计算耗时分布

对于算法 PSO2，最优求解比例与计算耗时分别如图 7-2 和图 7-3所示。其中，最好的计算结果出现在学习因子 $c_1=c_2=0.5$，惯性权重 $\omega=0.5$。这时，平均计算耗时 0.869 4 s，标准差 0.845 2；粒子平均迭代次数 10.030 0 次，标准差 8.996 6；最优求解比例 100%。因此，对于算法 PSO2，学习因子与惯性权重分别设

置为 $c_1=c_2=0.5$，$\omega=0.5$ 时计算效果最好。

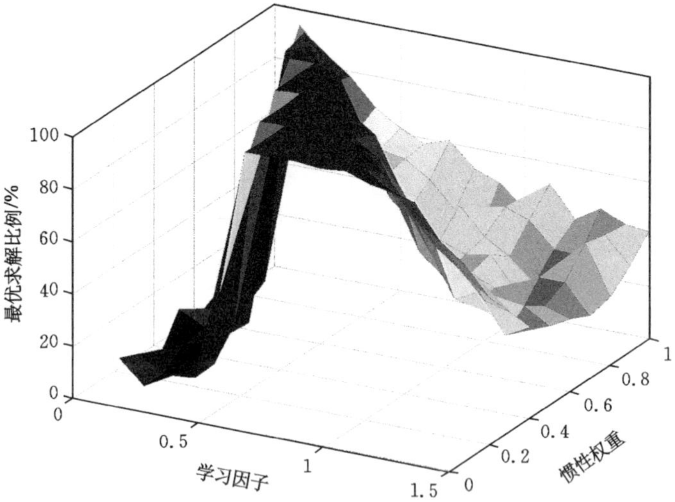

图 7-2 算法 PSO2 最优求解比例

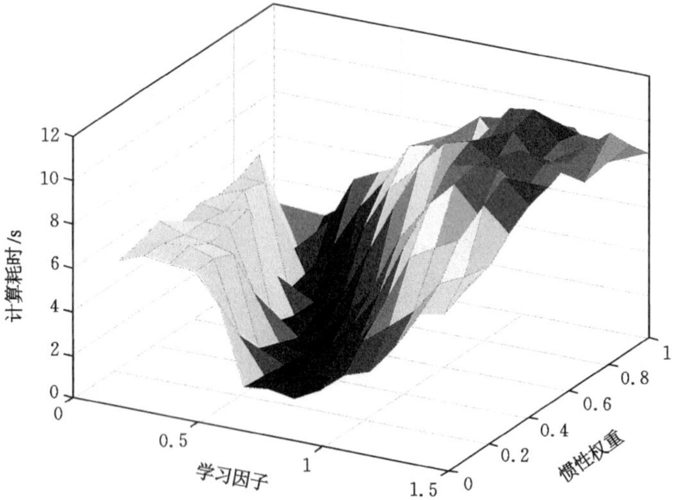

图 7-3 算法 PSO2 计算耗时分布

7.3.3 计算结果比较与分析

算法 PSO1、PSO2、PSO3 和 PSO4 分别进行 5 轮试验，试验结果如表 7-2～表 7-5 所列。

表 7-2 算法 PSO1 试验结果

项目 试验编号	平均计算耗时/s	计算耗时标准差	平均迭代次数	迭代次数标准差	最优求解比例
试验 1	0.487 7	0.303 7	5.530 0	3.382 8	100
试验 2	0.542 8	0.402 0	5.840 0	3.920 2	100
试验 3	0.582 7	0.423 5	5.920 0	4.034 4	100
试验 4	0.577 7	0.395 2	6.000 0	3.876 9	100
试验 5	0.533 6	0.340 3	5.460 0	3.144 4	100
平均	0.544 9	0.372 9	5.750 0	3.671 7	100

表 7-3 算法 PSO2 试验结果

项目 试验编号	平均计算耗时/s	计算耗时标准差	平均迭代次数	迭代次数标准差	最优求解比例
试验 1	0.865 9	0.811 8	9.940 0	8.778 8	100
试验 2	0.953 9	0.876 0	10.940 0	9.135 1	100
试验 3	0.936 3	0.757 5	10.940 0	8.314 3	100
试验 4	0.973 9	0.951 6	11.020 0	10.087 5	100
试验 5	0.899 9	0.816 1	9.960 0	8.327 8	100
平均	0.926 0	0.842 6	10.560 0	8.928 7	100

表 7-4　算法 PSO3 试验结果

试验编号＼项目	平均计算耗时/s	计算耗时标准差	平均迭代次数	迭代次数标准差	最优求解比例
试验 1	0.588 4	0.385 3	6.370 0	4.064 3	100
试验 2	0.723 6	0.521 2	7.600 0	5.224 3	100
试验 3	0.695 0	0.599 9	7.350 0	6.044 2	100
试验 4	0.518 2	0.360 8	5.600 0	3.747 1	100
试验 5	0.590 0	0.439 8	6.400 0	4.496 9	100
平均	0.623 0	0.461 4	6.664 0	4.715 4	100

表 7-5　算法 PSO4 试验结果

试验编号＼项目	平均计算耗时/s	计算耗时标准差	平均迭代次数	迭代次数标准差	最优求解比例
试验 1	6.986 0	6.749 0	50.710 0	47.367 1	65.0
试验 2	7.279 0	6.812 0	51.910 0	47.236 8	62.0
试验 3	6.928 7	6.581 7	50.650 0	46.643 4	68.0
试验 4	7.558 8	6.523 6	55.030 0	46.019 4	64.0
试验 5	6.657 6	6.624 3	48.150 0	46.339 4	67.0
平均	7.082 0	6.658 1	51.290 0	46.721 2	65.2

算法 PSO1、PSO2 和 PSO3 都全部求得最优解，求解的结果相同。但是，从平均计算耗时上看，PSO1 分别比 PSO2 和 PSO3 快了 41.16%和 12.54%；从计算耗时标准差上看，PSO1 分别比 PSO2 和 PSO3 降低了 58.88%和 19.18%；从平均迭代次数上看，PSO1 分别比 PSO2 和 PSO3 减少了 45.55%和 13.72%；从迭代次数标准差上看，PSO1 分别比 PSO2 和 PSO3 降低了 41.16%和 22.13%。这表明 PSO1 计算速度最快且最稳定，PSO3 次之，PSO2 位列第三。

算法 PSO4 在上述 5 个指标上表现最差。穷举法平均耗时 5.999 2 s，而算法 PSO4 在平均计算耗时 7.082 0 s 的基础上最优求解比例仅达到了 65.2%，表明算法 PSO4 求解效果还没有穷举法好。

分析其原因，算法 PSO1 经过数据试验获得的固定的学习因子与惯性权重具有非常好的问题适应性，学习因子使得自我总结和向群体中优秀个体学习的能力得以加强，而惯性权重使得探索能力与开发能力保持平衡。同时，在肯尼迪提出的根据粒子速度函数的概率来确定粒子位置取值为 1 或 0 的基础上，对于粒子位置更新方式进行了改进，使算法更加适应问题求解的需要，因而求解效果非常好。

算法 PSO2 经过数据试验获得的固定的学习因子与惯性权重也具有非常好的问题适应性。在粒子位置更新方式上，没有采取类似肯尼迪提出的依概率进行粒子位置值离散的方式，而是采取了一种更为简洁的依据粒子不同维度的位置值进行排序而后离散的方式。从计算速度上来看，计算耗时较算法 PSO1 增加了 69.94%，但没有超过 1 s，从实际应用和最优求解比例上看，还是可以接受的。

算法 PSO3 采用时变的学习因子与惯性权重，使算法在搜索初期加强全局搜索，在搜索后期加强邻域搜索，自动适应了优化配煤问题的特点。而算法 PSO1 则是经过大量数据试验获得的最能适应问题特点的学习因子与惯性权重。因此，算法 PSO3 比算法 PSO1 计算耗时上增加了 14.33％。

算法 PSO4 采用时变的方式来寻找最能够适应优化配煤问题特点的学习因子与惯性权重，这本身就比较耗时，同时又采取了一种更为简单的对粒子位置值离散的方式。这样，计算耗时较大且效果不好。

总体来看，采用依据概率方式进行粒子位置值离散的方式，求解效果比较好；采用经过数据试验获得的固定学习因子与惯性权重具有非常好的问题适应性，计算速度较快。所以，算法 PSO1 计算速度快且效果好。

7.4 本章小结

本章针对面向订单的煤场配煤优化问题，采用群体智能代表性算法之一的粒子群优化算法求解。在肯尼迪提出的根据粒子速度函数的概率来离散粒子位置值的基础上，结合配煤优化问题的特点进行了改进。同时，提出了一种更为简洁的依据粒子不同维度的位置值进行排序而后离散的方式确定粒子位置值的方式。数据试验表明算法是有效的。

8 基于 SCOR 模型的煤炭供应链概念模型

数据表明煤炭在我国一次能源消费中占 70%左右，在较长一段时间内，煤炭在我国一次能源消费中占主导地位的格局将长期保持不变，煤炭的稳定供应对我国经济平稳运行影响重大。煤炭要经过井下开采、分选加工、长途运输等诸多环节才能供给消费者，煤炭供应链是连接煤炭生产与消费的重要桥梁。随着我国经济增长面临新常态，煤炭企业也面临快速多变的市场需求，不断缩短的交货期，降低成本、改进服务质量的压力，单个企业依靠自己内部资源的整合已难以应付，这就迫使煤炭供应链上的不同实体逐渐走向合作[81]。

长期以来，我国煤矿仍然处于传统的管理模式，这种管理模式已经不适应时代的需要，由传统的管理模式向供应链管理模式的转变已经非常迫切。通过优化煤炭供应链结构，以适合的煤炭产出量满足煤炭需求量，增强煤炭资源需求以及供给的稳定性，成为煤炭企业获得竞争优势的关键所在[82]。煤炭供应链集成实现了煤炭从产品到服务的转化，其核心是系统集成与优化。针对煤炭企业来说，随着市场竞争的加剧，要组织面向订单和面向库存两种类型的生产。基本要求是一方面保持煤炭生产与供应的稳定，以响应重要用户长期、大量及稳定的订单需求；另一方面建立快速反应系统，在满足长期重要用户大量订单的前提下，快速响应突然产生的煤炭订单需求。在为煤炭用户创造高附加值服务的同时，实现多方共赢的格局。

煤炭企业属于资源开采企业，煤炭供应链是以煤炭开采企业为核心，以机械、设备、电力等企业为辅助物资供应商，以电力、冶金、建材、化工等企业为用户的链状结构的供应链，这个供应链有很多节点，涉及诸多方面，存在较多的制约因素和结构性问题。为了很好地描述、分析和设计煤炭供应链的各节点生产和运作活动及其关系，需要建立煤炭供应链 SCOR 模型。

在众多学者对于煤炭物流与供应链研究基础之上，本章构建了基于 SCOR 模型的煤炭供应链的概念模型。这个概念模型清晰地描述了煤炭物流与供应链的信息流向，为进一步促进煤炭供应链信息的高度集成、业务流程的重组与优化打下了良好的基础。

8.1 SCOR 及煤炭 SCOR 模型

8.1.1 SCOR 模型

供应链运作参考模型（supply chain operation reference model，简称 SCOR）是由美国供应链协会于 1996 年 11 月发布的供应链管理及评价最有效的参考模型，用于对供应链上、下游完整业务流程进行一般化的描述，是分析和设计供应链结构的有效工具。通过 SCOR 模型提出的标准化术语和流程，可以对供应链中的不同企业的行为进行建模或描述，从而进行比较和改进[83]。SCOR 模型的根本在于提供了一套规范易用的、跨行业的供应链建模方法，清晰地描述了供应链的运作过程[84]。

SCOR模型从水平结构和垂直体系两个维度，运用模型的结构和方法，促使企业实现从职能管理到流程管理的转变，以改善供应链管理的效率和水平。SCOR模型的水平结构将全部供应链的成员罗列出来，描述供应链的全部成员伙伴，包括核心企业及其供应链上游和下游伙伴。SCOR模型的垂直体系将供应链流程分解为若干层次，每一层都可用于描述流程、流程的评估绩效、分析企业供应链的运作等。第一层为定义层，是对整个供应链系统分解出的流程，该层流程依次为计划、采购、生产、配送和退货。第二层为配置层，是定义层流程分解出的子流程，描述供应链业务活动的基本布局。第三层为流程元素层，是配置层流程分解出的子流程，描述构成供应链流程的要素和企业取得竞争优势的能力。第三层还可以分解出第四层甚至更多层次[85]。SCOR模型的第一层如图8-1所示、第二层如图8-2所示，此框架结合了SCOR模型的计划、采购、生产、配送和退货5个业务流程，利用过程导向的思维去解决供应链的集成优化问题。

图8-2中MRO是英文maintenance, repair & operations的缩写，通常是指在实际的生产过程不直接构成产品，只用于维护、维修、运行设备的物料和服务。

8.1.2 SCOR模型研究现状

作为一种描述和优化供应链过程及绩效评价的工具，SCOR模型能指导企业进行供应链管理流程的梳理和绩效评价。它综合世界多家顶级企业绩效管理和评价的实践成果，提供的绩效评价参考指标也已经被各行各业认可，成为标杆指标。因此，SCOR模型是一种值得参考和借鉴的绩效评价方法。

SCOR模型提供了标准规范化的语言，打破了供应链的各环

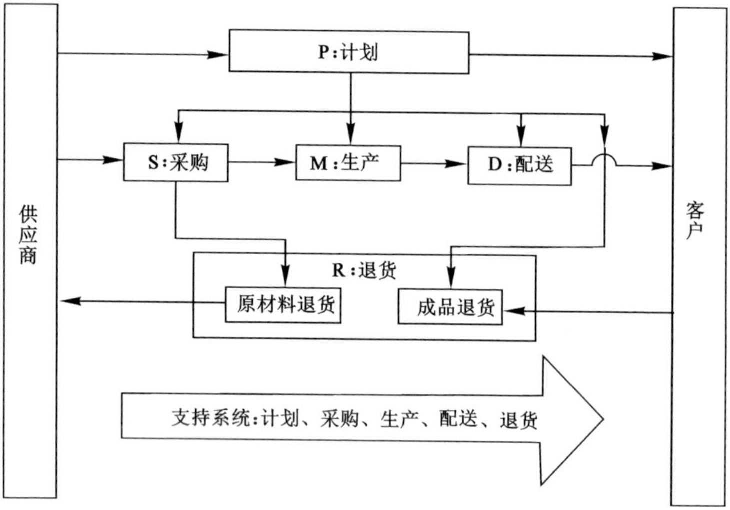

图 8-1 SCOR 模型的第一层

节和各部门之间的沟通障碍,提高了员工的工作效率。同时,众多企业引入 SCOR 模型进行供应链流程改进、实施供应链变革,极大地降低了运营成本、提高了客户服务水平,带来的丰硕成果包括库存周转率提高、交付率提升、灵活性改善等,因而企业运营效率也得到了极大地提高,取得了巨大的成功。因此,SCOR 模型吸引了众多的研究人员和实际工作者的注意。

目前,关于 SCOR 模型的研究主要集中在 SCOR 模型流程构建、SCOR 模型绩效评价、SCOR 模型仿真与流程优化等方面。

在 SCOR 模型流程构建方面,文献[86]系统介绍了基于 SCOR 模型的供应链建模方法;文献[87]对于 SCOR 模型的计划、采购、生产、配送和退货流程进行了详细介绍;文献[88]从供应链拓扑结构构建、物流模式选择、平台功能规划、绩效评价以及政府作用等 5 个方面对互联网环境下中国农产品供应链的构建策略

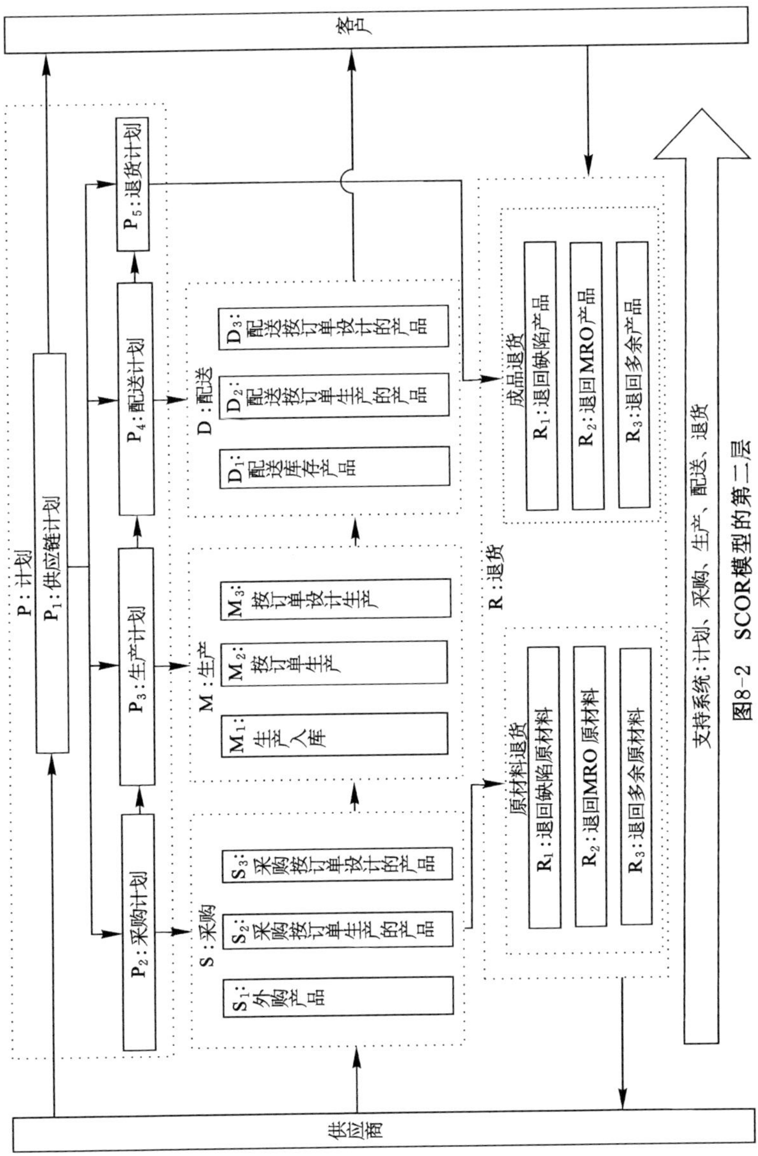

图8-2 SCOR模型的第二层

提出了建议。文献[89]详细介绍并将 SCOR 模型运用到农牧业食品“采购—加工—销售”的整条供应链中，构建了“从农田到餐桌”的安全食品供应链。文献[90]运用 SCOR 模型的供应链流程构造思想和协同式供应链库存管理模型(collaborative planning, forecasting and replenishment，简称 CPFR，也称协同规划、预测与补货模型)的协同供应链管理思想，实现跨境电子商务物流的供应链流程建模。

在 SCOR 模型绩效评价方面，文献[91]定义了物流企业的基本流程，提出在综合服务型物流企业的业务流程中引入 SCOR 模型，从供应链管理的角度建立综合服务型物流企业营运和管理评价指标体系。文献[92]构建了基于 SCOR 模型的物流企业营运与管理评价指标体系，并进行了实证研究。文献[93]基于 SCOR 模型中已有的绩效评价指标，以顾客满意度为导向，为量化企业竞争力水平，提出将订单履行效率作为供应链绩效评估参数，以综合评估订单履行过程中定性和定量两方面的绩效。文献[94]在 SCOR 模型基础上，建立了供应链多目标绩效优化模型。文献[95]基于平衡计分卡(balance score card，简称 BSC)和 SCOR 模型联合的思想，选取财务、顾客、内部流程和学习与创新层面，构建 4 个一级指标、13 个二级指标、41 个三级指标的农产品供应链物流绩效评价指标体系，采用层次分析法确定权重、模糊综合评价法进行评估。文献[96]构建了基于 SCOR 模型的供应链协调绩效评价体系，采用模糊综合评价。文献[97]基于 SCOR 模型分别从计划风险、采购风险、生产制造风险、配送风险、退货风险、研发风险和外部风险等角度，分析中药生产企业供应链风险因素，构建中药生产企业供应链风险指标识别体系。文献[98]将绩效棱柱模型和 SCOR 模型相结合，在界定餐饮供应链主要利益相关者的基础上，分别从餐饮供应链主要利益相关者的需求、贡献、战略、流程和能力维度设计指标库，以层次分析法进行指标赋权，构建餐饮供应链可持续绩效指标体系。

在 SCOR 模型仿真与流程优化方面，文献[99]建立了生产制造企业基于 SCOR 模型的生产物流模型；文献[100]以多品种小批量制造企业为背景，构建基于 SCOR 模型的作业管理体系，建立 Petri 网层次模型，利用 ExSpect 软件进行仿真。文献[101]研究了基于 SCOR 模型的农产品供应链运作模型。文献[102]应用 SCOR 模型对于油脂加工物流与供应链的计划、生产、物流、销售等环节进行了分析和优化。文献[103]采用 SCOR 模型对公司内部进行定性分析与评价，然后进行公司内部流程再造。文献[104]建立了某公司 SCOR 模型流程，采用层次分析法进行评价，然后进行企业流程再造和供应链优化。

8.1.3 煤炭 SCOR 模型研究现状

结合 SCOR 模型对煤炭供应链进行的研究尚不多见。文献[105]构建了基于 SCOR 模型的考虑内生和外生风险的煤炭供应链风险分析模型，从计划、采购、配煤、配送与退货 5 个流程详细分析了煤炭配送中心的风险因素，构建了基于 BP 神经网络专家系统和煤炭供应链风险评价模型。文献[106]提出了基于 SCOR 模型的煤炭行业供应链绩效评价指标。文献[107]从各环节详细阐述了煤炭供应链绩效评价的 SCOR 模型，分别从供应链的高效率、低成本、柔性、优质、适量、安全使用率和绿色使用等 7 个方面进行评价。文献[108]基于 SCOR 模型对于发电企业供应链风险进行识别，然后采用 BP 神经网络对发电企业供应链风险进行评价。文献[109]利用 SCOR 模型对某公司计划、采购、生产、配送与返回流程中的风险进行分析，采用风险矩阵法与层次分析法相结合构建煤炭供应链风险评价指标体系。文献[110]基于 SCOR 模型对于煤炭供应链可开采环节、加工环节、运输环节、存储环节、销售环节、整体运营环节和合作环节的各类风险进行识别，构建了煤炭供应链风险评价指标体系，采用粗糙集理论计算各级指标权重后进行评价。

从以上煤炭 SCOR 模型研究简明综述可以看到，目前关于煤炭 SCOR 模型的应用主要集中在煤炭供应链绩效评价、风险因素识别与评价方面，而采用 SCOR 模型进行煤炭供应链合作伙伴高效沟通、降低煤炭供应链整体成本、煤炭供应链流程重构、煤炭物流仿真与流程优化等方面很少有涉及。

8.2 煤炭物流

8.2.1 煤炭物流研究现状

到目前为止，有众多学者对于煤炭物流进行了研究。文献[111]分析了我国煤炭物流网络结构的特征，构建了煤炭物流评价指标体系，采用层次分析法计算权重后进行评价。文献[112]探讨了煤炭物流中生产物资的运输问题，该问题属于典型的 NP-难性质的车辆路径问题，作者采用改进的人工蜂群算法求解。文献[113]在分析内蒙古煤炭物流传统组织模式及其弊端的基础上，探讨了内蒙古煤炭物流网络化组织系统和其运作方式。文献[114]研究了煤炭企业绿色物流绩效评价问题，从物质基础、生产物流、环境和运输 4 个方面选取指标，在层次分析法的基础上，结合模糊集合理论进行模糊综合评价。文献[115]研究了煤炭物流节点选址问题，建立了以自然因素和社会因素为主要准则的煤炭节点选址层次模型，运用层次分析法进行分析。文献[116]对于灰色神经网络模型进行改进，建立了煤炭物流需求预测模型。文献[117]预测了煤炭物流成本，首先利用主成分分析对煤炭物流成本体系进行降维，消除自变量之间的信息重叠，然后以主成分为自变量、煤炭物流成本为因变量建立多元回归预测模型。文献[118]指出我国煤炭物流产业组织创新的两大基本动因是来自煤炭物流产业组织自身缺陷和煤炭物流信息化挑战，由于煤炭物流运输方式与多样化物流组织衔接困难、煤炭物流组织普遍规模大、运输方式选择不合理、附加价值低无法适应现代物流发展的需要，造成煤炭物流成本高、消耗大量高级能源、信息化建设不足，因此煤炭企业物流必须进行组织创新。文献[119]分析了湖北煤炭物流网络现状，指出湖北煤炭物流发展面临的挑战包括煤炭现货交易体系尚未建立、煤炭物流配送网络需要重构、煤炭物流企业转型发展普遍准备不足、煤炭物流监管新体系有待形成，提出要构建区域煤炭储备、应急支撑系统等。

8.2.2 煤炭物流流程

煤炭企业通过国家划拨或资源市场获得煤炭资源，在通风、供电、排水、瓦斯监控和防尘洒水等条件良好情况下，原煤从工作面开采后，经由运输巷、输送带运输通过工作面、采区巷道，进入井底煤仓，再由矿车装运，经主井提升到地面，最后由选煤厂破碎、筛分、分选加工成为符合要求的精煤，直接或经过配煤后成为满足用户要求的商品煤。然后，再经过销售网络、煤炭集散中心，由铁路、公路、水路或多式联运等环节送达用户，可以作为能源转换、燃料或化工原料，对煤炭进行加工利用。在这个煤炭产品实体流动的过程中，伴随着信息流和资金流的流动与集合。

煤炭开采、分选加工、长途运输和加工利用的过程，实际上是一系列煤炭实体的运送、搬运等动态流转过程，是一个由煤炭的供应物流、生产物流、销售物流、回收物流和废弃物流构成的煤炭物流系统[120]。在此基础上，构建的煤炭物流流程如图 8-3 所示。

8.3 煤炭供应链

8.3.1 供应链

供应链是围绕核心企业，通过对信息流、物流、资金流的控制，从采购原材料开始，制成中间产品以及最终产品，最后由销售网络把产品送到消费者手中的将供应商、制造商、分销商、零售商直到最终用户连成一个整体的功能链结构。它是一个范围更广泛的企业结构模式，包含了所有加盟的节点企业，从原材料的供应开始，经过链中不同企业的制造加工、组装、分销等过程直到最终用户[121]。供应链中的一个节点往往是一个企业或一个场所，节点的上下游通常是外部企业、外协厂家、企业内的分支机构或顾客等。

供应链核心企业拥有供应链中原材料、技术、客户、物流网络等核心资源，通过制订供应链发展战略，协调物流、信息流、资金流的配置，对供应链中其他企业有较强影响力，可以决定或提升整体供应链核心竞争优势的企业。核心企业多掌握供应链上的一种或多种资源或能力，这些资源或能力往往对供应链的竞争力大小起着决定性作用[122]。

8.3.2 煤炭供应链研究现状

到目前为止，有众多学者对于煤炭供应链进行了研究。在定

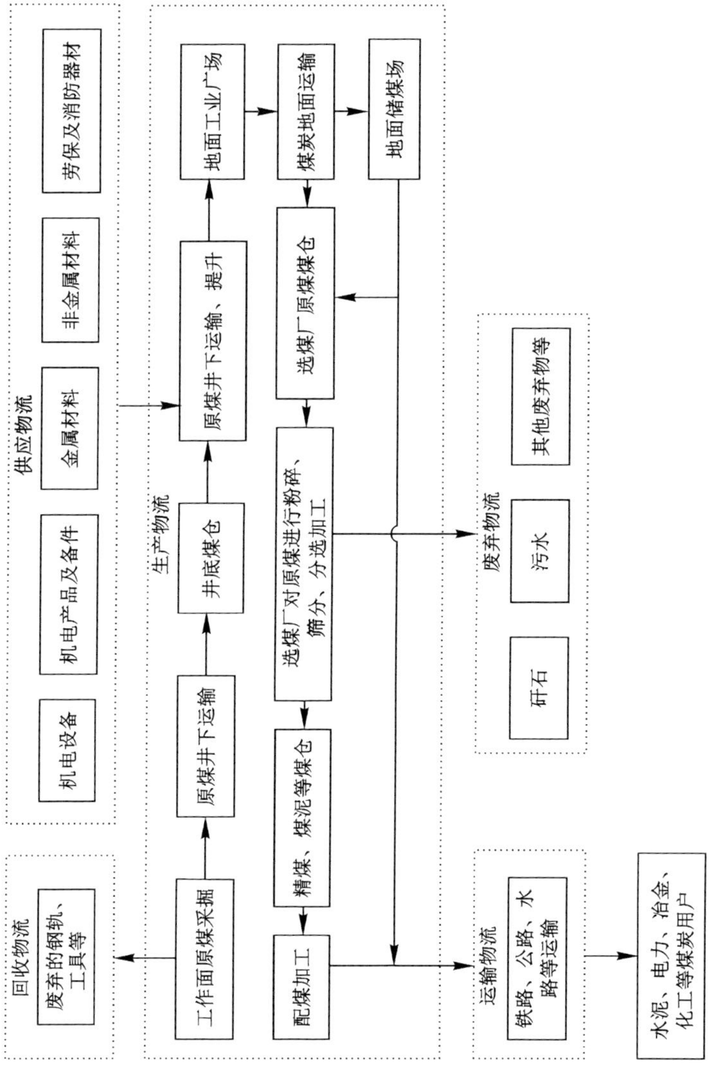
回收物流
废弃的钢轨、工具等
供应物流
机电设备
机电产品及备件
金属材料
非金属材料
劳保及消防器材
生产物流
工作面原煤采掘
原煤井下运输
井底煤仓
原煤井下运输、提升
地面工业广场
煤炭地面运输
地面储煤场
选煤厂原煤煤仓
选煤厂对原煤进行粉碎、筛分、分选加工
精煤、煤泥等煤仓
配煤加工
废弃物流
矸石
污水
其他废弃物等
运输物流
铁路、公路、水路等运输
水泥、电力、冶金、化工等煤炭用户

图8-3 煤炭物流流程图

性研究方面，文献[110]分析了煤炭供应链的运行模式，指出煤炭供应链的特征在于链节实体相对稳定、销售之间的竞争就是链群之间的竞争、链节实体重点不在于敏捷而在于质量的稳定、绩效考核以销售为中心、以质量环境成本运输为重点等，建立了基于决策中心、实施中心、协调中心的煤炭供应链开放式整体结构模型。文献[82]详细阐述了煤炭企业实现物流供应链战略联盟背景和意义，指出战略联盟的具体形式包括煤炭企业-供应商联盟和煤炭企业-用户联盟两种形式。文献[123]详细分析了煤炭供应链的内涵及特征，区分了煤炭企业供应链、煤炭行业供应链以及煤炭供应链。文献[124]构建了煤炭供应链的链状和网状结构模型。文献[125]认为煤炭生产商是煤炭供应链的核心企业，构建了煤炭供应链平面模型与协同网络模型。文献[126]从煤矿企业实际出发，分别构建了多个矿井、单一中央选煤厂或多个选煤厂、多种商品煤、多个客户情形的煤炭供应链。文献[81]指出煤炭供应链应该采用推-拉结合的战略，推-拉边界在商品煤订购和加工环节，之前采用市场驱动的推动式战略，之后则采用订单驱动的拉动式战略。文献[127]研究了煤炭物流供应链信息协同共享问题，认为影响信息共享的障碍因素包括资金投入、泄密、技术和利益等方面。文献[128]研究了煤炭绿色供应链概念模型，认为煤炭绿色供应链是基于对环境、生态的影响，从资源优化利用、循环经济的角度来考虑煤炭供应链可持续发展问题。从煤炭企业的原材料采购开始就进行追踪和控制，使煤炭在开采、生产加工、物流阶段能遵循环保的规定，从而减少煤炭消费期和回收期给环境、生态带来的危害，即以环境、生态保护为前提，以减少资源消耗为目标，以循环经济与可持续发展为指导，对煤炭供应链系统进行重新规划、控制、管理和评估，并最终建立资源节约型、环境友好型和社会认可型煤炭绿色供应链系统。文献[129]以煤炭企业供应链为研究对象，采用平衡记分法建立了低碳经济下的煤炭供应链绩效评价体系，运用因子分析法进行实证分析，得出低碳技术投入效果、煤炭营销能力、客户满意指标和企业社会责任等公共因子影响较大的结论。文献[130]采用层次分析法提出供应链营运资金管理的评价指标，且以煤炭行业为例进行了评价验证，为供应链企业的营运资金管理评价体系提供理论与方法支持。文献[131]构建了适合煤炭企业供应链合作伙伴选择的指标体系，然后运用粗糙集对指标进行约减选出关键的指标，通过信息熵多属性评价方法对合作伙伴进行评价，最后根据排序结果和煤炭企业的实际需要选出自己满意的合作伙伴。

在定量研究方面，文献[132]为研究大型煤炭供应链供产销的集成决策问题，建立了以大型煤炭供应链系统总利润最大化和客户满意度最大化为目标，约束条件包括原煤生产能力、选煤厂分选能力、运输能力、客户需求数量、洗损率和精煤产出率、原煤入选量、煤炭销售等的线型规划模型，采用目标规划法求解。文献[133]以煤炭企业整体利润最大化为目标，约束条件包括原煤生产能力、选煤厂分选能力、洗损率和精煤产出率、矿井原煤生产量平衡、选煤厂原煤入选量平衡、煤炭销售平衡、外购煤平衡、运输能力、客户需求数量、客户需求质量等，建立了一个线性规划模型，但没有说明如何求解。提出的优化基本思路是从煤炭企业的角度出发，将供应链优化分成两个阶段：首先，利用模糊综合评判法对客户的重要度进行评价；然后，将供应链多目标优化中关于客户的多目标部分作为约束条件，建立线性规划模型进行优化。文献[134]建立了以煤炭企业整体利润和客户满意度最大化为目标，约束条件包括原煤生产能力、选煤厂分选能力、库存能力，选煤厂主要产品产出率、各矿井原煤生产量、选煤厂原煤入选量、煤炭销售量、运输能力等的煤炭供应链多目标多阶段优化模型，将模型转化为目标规划模型，采用LINGO软件求解。文献[135]建立了以煤炭供应链系统利润最大化、目标客户满意度最大为优化目标的煤炭供应链系统协同多目标优化模型，采用改进的差分进化算法求解。文献[136]针对煤炭企业内部供应链优化的高维、非线性问题，构建了以企业利润最大、客户满意度最高为目标函数，以各原煤矿井的原煤生产量、选煤厂的分选品种与分选数量、客户对于企业的重要性、客户对于煤炭品种与规格以及数量和质量要求、煤炭到达目的地的运输方式等准则为约束条件的煤炭企业内部供应链优化模型，提出一种改进的多目标粒子群优化算法求解。文献[137]研究了原煤开采生产与煤炭分选生产的两级生产与需求均不确定条件下煤炭供应链均衡供应决策问题。首先分别构建两级生产与需求不确定条件下煤炭均衡供应测度指标与模型、煤炭供应链利润与期望利润函数；然后运用目标规划法，综合以煤炭均衡供应和煤炭供应链期望利润为目标，建立煤炭供应链多目标优化运作模型；最后将多目标优化模型转化为单目标优化模型，用LINGO软件求解。文献[138]首先把影响煤炭供应保障程度的因素分为煤炭供应链内部因素和外部因素。内部因素主要受煤炭资源、煤炭生产、煤炭运输和中转、煤炭消费的影响，而外部影响因素包括不可抗拒性的自然环境、不稳定的经济和政治环境因素、相关产业政策等。外部因素通过内部因素对煤炭供应链运行发挥作用，进而影响煤炭供应保障。然后为对煤炭供应保障影响因素进行实证分析，建立了多元回归方程，采用逐步回归和模型检验，表明火力发电量、煤炭铁路总运量、重点煤矿月末库存是影响电煤供应保障的主要因素。文献[139]提出一个贝叶斯网络计算物流、资金流和信息流影响下的港口主导下煤炭供应链长期、短期脆弱性网络结构的定量分析模型，利用故障树分析法对供应链上游、中游和下游3个环节的风险因素加以分析，得到供应链短期和长期脆弱性的风险传递过程及因素。文献[140]研究了港口主导下煤炭供应链的下游经销商融资问题，建立了煤炭经销商应收账款质押模式、民间借贷融资模式下的融资决策模型。这个模型以煤炭经销商的收益为目标函数，以贷款方的审核时间、放贷率、贷款利率等为决策变量，提供了下游煤炭经销商的融资模式选择以及相关的最优融资额，以确定煤炭最优订货量。

8.3.3 煤炭供应链链式结构

煤炭供应链是以煤炭生产商为核心企业，通过煤炭用户订单以及煤炭销售市场预测等前馈的信息流，生成煤矿原煤或分选精煤需求的数量和时间信息。以此为基础，生成煤矿生产所需原辅材料及设备需求信息，且传递给各类供应商。煤矿通过对煤炭供应物流、生产物流、销售物流、回收物流和废弃物流的控制，从采购煤炭生产的采、掘、运、分选加工等所需的机电设备、机电产品及备件、金属材料、非金属材料、劳保及消防器材等五大类物资开始，矿井内原煤经采煤工作面、井底煤仓、巷道运输、矿井提升到达地面工业广场，再由铁路、公路运输到选煤厂，经选矸、破碎、筛分、分选加工等环节，将原煤加工成块煤、精煤等商品，最后由煤炭销售公司、煤炭物流公司等的销售网络把商品煤销售出去，并通过公路、铁路、水路等运输途径，送到电力、化工、冶金、建材及其他行业消费者手中。在资金流、信息流的伴随下，围绕煤炭采、掘、运、加工和消费，以机械设备、建筑材料、电力等为供应商，煤矿、选煤厂等为生产商，煤炭销售公司、煤炭物流公司等为销售商，电力、化工、冶金、建材及其他行业消费者为用户，以煤矿等生产商为核心企业连接而成的一个整体高度集成、有机运转的功能链结构，就是煤炭供应链。煤炭供应链链式结构如图 8-4 所示。

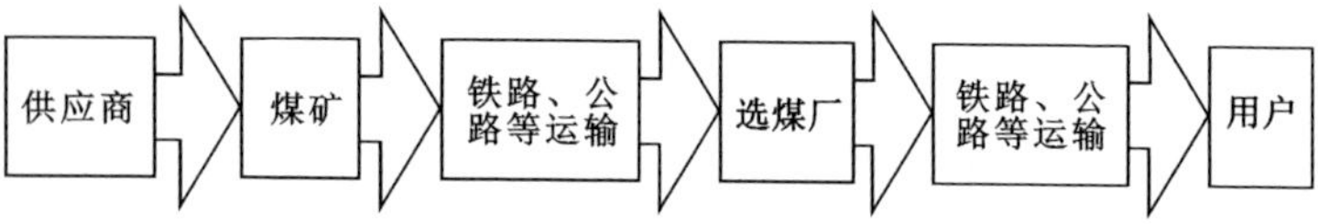

图 8-4　煤炭供应链链式结构

一般情况下，选煤厂距离井口或地面工业广场距离较远，大宗原煤在井下采掘、提升到地面后，往往需要经由铁路或公路运输到选煤厂进行后续的分选加工，进而，最终的分选精煤也必须经铁路或公路运输到用户手中。交通运输作为煤炭用户化的瓶颈，是研究煤炭供应链必须考虑的环节[141]。

一般来说，煤炭供应链链式结构中存在多个矿井、单一中央选煤厂、多种商品煤、多个客户和多个矿井、多个选煤厂、多种商品煤、多个客户这两种情景，其网络式结构分别如图 8-5 和图 8-6 所示[126]。

8.4　煤炭供应链 SCOR 概念模型

基于 SCOR 模型的煤炭供应链概念模型有三层。第一层建立煤炭供应链的包括计划、采购、配送和退货的流程模型；第二层建立煤炭供应链的每一种流程的计划、执行和支持的详细的类别模型；第三层煤炭供应链更加详细的流程单元模型因每个矿井的实际情况差异较大而不再建立。

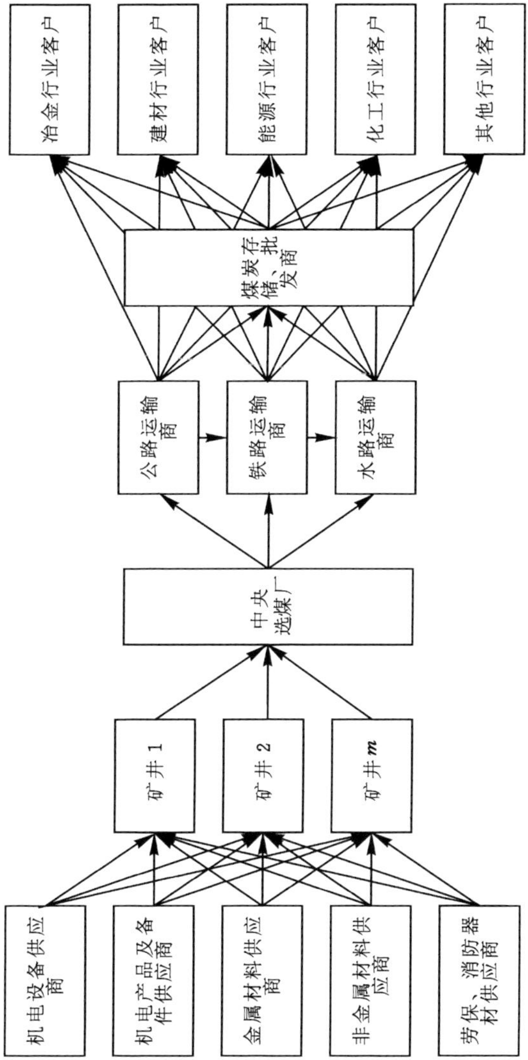

图8-5　煤炭供应链网络式结构（1）

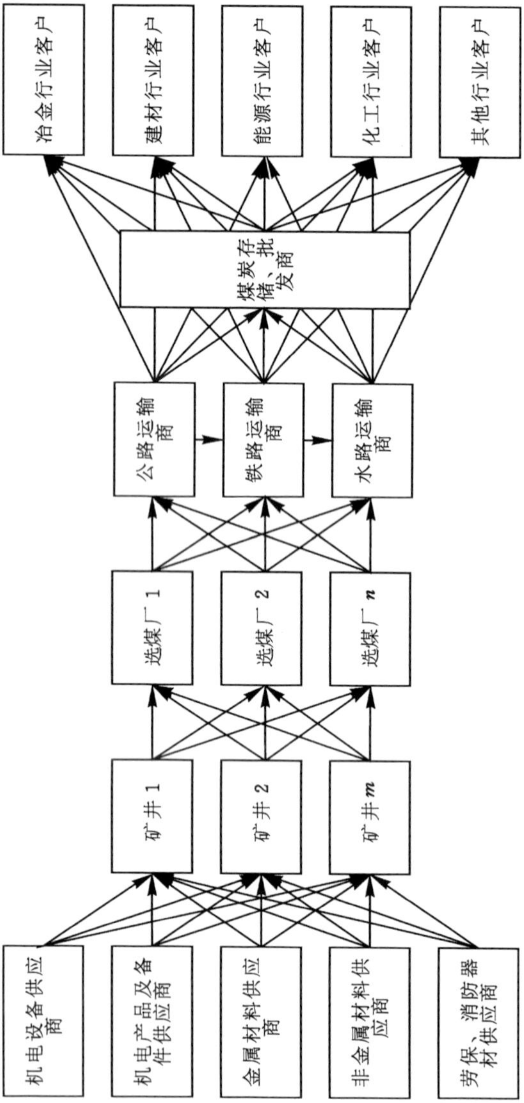

图8-6　煤炭供应链网络式结构（2）

8.4.1　第一层——流程模型

基于 SCOR 模型的煤炭供应链概念模型中，第一层表示流程模型，如图 8-7 所示。煤炭生产商根据煤炭用户订单以及对煤炭销售市场的预测，制订出年度煤炭生产和经营计划。以此为基础和指导大纲，确定并组织购买煤炭生产所需的机电设备、机电产品及备件、金属材料、非金属材料、劳保及消防器材等五大类物资，然后组织煤炭生产的采掘等工作，原煤经井下巷道运输、提升到工业广场，然后利用铁路、公路等运输到中心选煤厂，经过破碎、分选、配煤等加工成符合用户要求的商品煤，再经铁路、公路、水路等配送到电力、冶金、化工、建材等行业的煤炭用户。具体包括：P——煤矿年度生产和经营计划，S——机电设备、机电产品及备件、金属材料、非金属材料、劳保及消防器材采购，M——原煤采掘运、分选加工等，D——原煤或分选精煤经由铁路、公路、水路等运输和配送，R——购进的不合格的机电设备、机电产品及备件、金属材料、非金属材料、劳保及消防器材等退货。此外，因为煤炭属于大宗物品，运输距离远且装卸较为困难，煤炭销售对象一般都是稳定、长期合作的客户，若客户对于煤炭产品的质量有异议，通常的处理方式是折价处理而不是退货。因此，在图 8-7 中没有出现“成品退货”这部分内容。

8.4.2　第二层——类别模型

基于 SCOR 模型的煤炭供应链概念模型中，第二层表示类别模型，如图 8-8 所示。在“P——煤矿年度生产和经营计划”中，具体包括：P1——物资采购计划，P2——煤炭采掘、分选加工、矿井到选煤厂运输计划，P3——原煤及分选精煤配送计划，P4——采购不合格物资的退货计划。“P1——物资采购计划”具体包括：

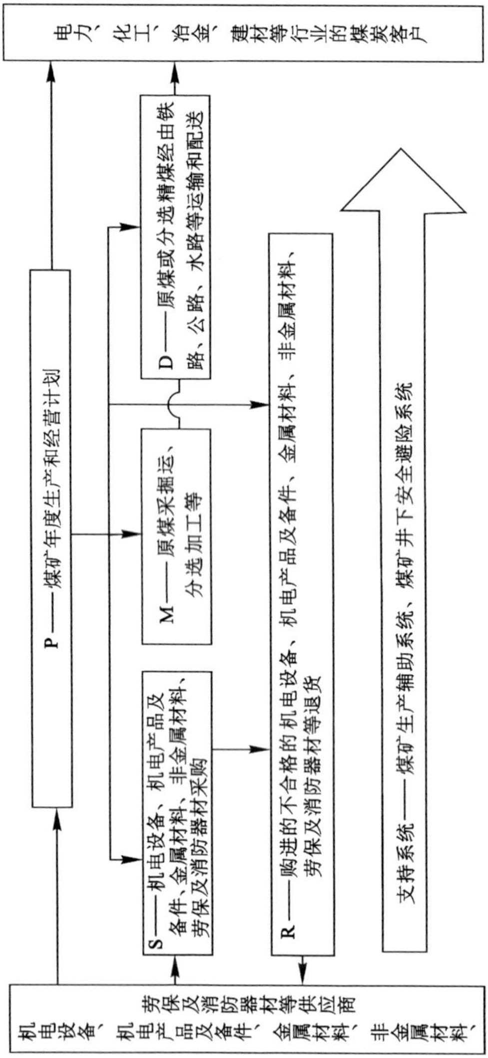

图8-7 基于SCOR模型的煤炭供应链概念模型——第一层流程模型

P1.1——采购机电设备，P1.2——采购机电产品及备件，P1.3——采购金属材料，P1.4——采购非金属材料，P1.5——采购劳保及消防器材。“P2——煤炭采掘、分选加工、矿井到选煤厂运输计划”具体包括：P2.1——煤炭采掘计划，P2.2——煤炭分选加工计划，P2.3——矿井到选煤厂运输计划。“P2.1——煤炭采掘计划”具体包括：P2.1.1——工作面掘进计划，P2.1.2——工作面回采计划，P2.1.3——采掘接续计划，P2.1.4——原煤井下运输计划；“P2.2——煤炭分选加工计划”具体包括：P2.2.1——原煤选矸、筛分计划，P2.2.2——配煤入选计划，P2.2.3——不同矿井原煤入选计划，P2.2.4——选混块、选精煤、选中煤、选末煤、煤泥计划。“P2.3——矿井到选煤厂运输计划”具体包括：不同矿井原煤运输计划。“P3——原煤及分选精煤配送计划”具体包括：P3.1——原煤配送计划，P3.2——分选精煤配送计划。“P4——采购不合格物资的退货计划”具体包括：P4.1——不合格机电设备退货计划，P4.2——不合格机电产品及备件退货计划，P4.3——不合格金属材料退货计划，P4.4——不合格非金属材料退货计划，P4.5——不合格劳保及消防器材退货计划。

由于原煤赋存环境是客观存在的，而矿井一旦确定，原煤采、掘、运工艺就基本确定。这样，在“S——机电设备、机电产品及备件、金属材料、非金属材料、劳保及消防器材采购”环节，就不存在“S2——采购按订单生产的产品”以及“S3——采购按订单设计的产品”两种情况了，即仅存在“S1——采购产品”。“S1——采购产品”具体包括：S1.1——采购机电设备，S1.2——采购机电产品及备件，S1.3——采购金属材料，S1.4——采购非金属材料，S1.5——采购劳保及消防器材采购。

由于原煤赋存、采掘工艺、采掘工作面现场管理等原因，不同矿井生产的原煤的硫分、灰分、发热量等不相同，而且同一个矿井开采出来的原煤硫分、灰分、发热量等指标也是有一定波动的，但选煤厂可以对不同矿井生产的原煤组织轮番分选、配煤。原煤进入工业广场的煤仓或者原煤分选加工成精煤、中煤、煤泥进入煤仓后就可以对外销售了。这样，在“M——原煤采掘运、分选加工等”环节，仅存在“M1——生产入库”，不存在“M2——按订单生产”和“M3——按订单设计生产”的情况。在“M1——生产入库”环节，具体包括：M1.1——煤炭采掘运等，M1.2——煤炭分选加工。“M1.1——煤炭采掘运等”具体包括：M1.1.1——巷道掘进，M1.1.2——采煤，M1.1.3——原煤井下运输，M1.1.4——原煤从矿井到选煤厂的铁路、公路等运输。“M1.2——煤炭分选加工”具体包括：M1.2.1——选矸，M1.2.2——筛分，M1.2.3——选煤。

原煤品种是由原煤赋存决定的，不可人为更改。不同矿井或同一个矿井生产的原煤的硫分、灰分、发热量等指标有一定波动，经分选加工后硫分、灰分下降，发热量提高，分选精煤质量趋于稳定，再次人为改变的可能性很低。这样，“D——原煤或分选精煤经由铁路、公路、水路等运输和配送”环节，就不存在“D2——配送按订单生产的产品”和“D3——配送按订单设计的产品”的情况，仅存在“D1——配送库存产品”。“D1——配送库存产品”具体包括：D1.1——铁路运输计划，D1.2——公路运输计划。但是，在一定的煤种、一定的质量指标范围内，硫分、灰分、发热量等不同的原煤、精煤也可以按用户订单要求进行配煤销售。配煤是指通过把发热量、灰分、挥发分、水分、硫分等质量指标各不相同的煤炭按不同的比例掺配，以充分利用劣质煤而节约优质煤，使不同质量指标的煤炭物尽其用。

在“R——购进的不合格的机电设备、机电产品及备件、金属材料、非金属材料、劳保及消防器材等退货”环节，具体包括：

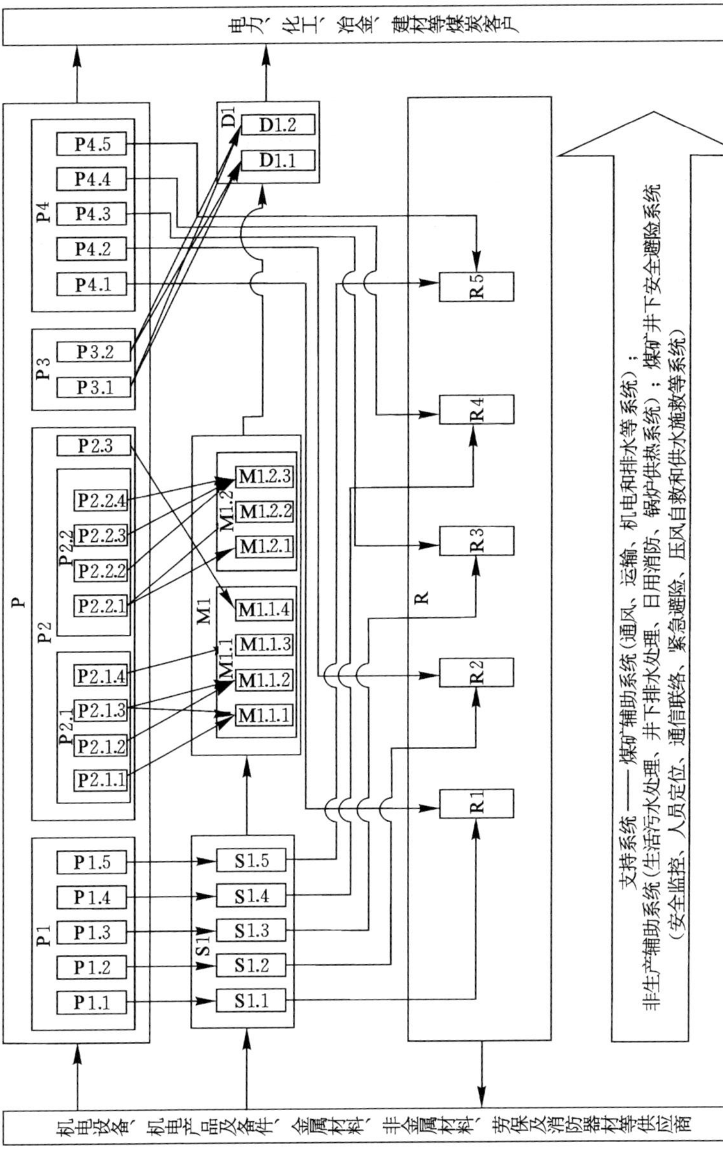

图8-8 基于SCOR模型的煤炭供应链概念模型——第二层类别模型

R1——不合格机电设备退货，R2——不合格机电产品及备件退货，R3——不合格金属材料退货，R4——不合格非金属材料退货，R5——不合格劳保及消防器材退货。

在煤炭供应链SCOR模型第一层概念模型中，除计划、采购、生产、配送和退货流程以外，还包括计划、采购、生产、配送和退货流程的支持系统。从煤矿生产的功能结构来看，煤矿生产包括采煤、掘进、通风、运输、机电和排水6个系统，通风、运输、机电和排水4个系统是为采煤、掘进系统服务的，属于煤矿生产辅助系统。另外还有其他非生产辅助系统如生活污水处理、井下排水处理、日用消防、锅炉供热等辅助系统。煤矿井下安全避险"六大系统"包括监测监控系统、人员定位系统、压风自救系统、供水施救系统、通信联络系统和紧急避险系统。这6个系统对避免或减少瓦斯、火灾等重特大事故发生，采取应急救援和紧急避险等发挥重大作用。煤矿生产辅助系统、煤矿井下安全避险系统构成了煤炭供应链SCOR模型支持系统的主体。

8.5 本章小结

日益激烈的市场竞争要求煤炭企业必须建立一条集成、高效、优化的"供应商—煤炭企业—客户"供应链，实现从职能管理到流程管理的转变，以提高煤炭供应链管理的效率和水平。SCOR模型是规范易用、跨行业的供应链建模方法和工具，清晰地描述了供应链的运作过程。本章在SCOR模型的基础之上，结合煤炭企业运营的实际状况，建立了以煤炭供应商为核心的煤炭供应链概念模型。这个概念模型清晰地描述了煤炭供应链的信息流向，为煤炭供应链信息高度集成、业务流程重组与优化打下良好的基础。

9 结论与展望

9.1 主要结论

我国能源资源“富煤、贫油、少气”的特点决定了煤炭在我国的能源生产和消费中的主体地位，未来很长一段时间煤炭仍将是我国能源主力。煤炭资源分布广泛，呈现出“西多东少、北多南少”的特点，造成了我国煤炭的生产地与消费地呈逆向分布。此外，受煤矿产煤质量的波动及煤炭运输部门运力调配等因素影响，使得需要煤种与接受煤种差别加大，决定了煤炭供应链要经过配煤加工这个环节才能满足多种不同用户的需要。

配煤优化的基础和主要依据是配煤与各组成单种煤的水分、灰分、挥发分、硫含量、发热量、灰熔点等评价动力煤质量的主要指标之间的关系，目前存在线性关系、具有复杂的非线性关系、关系尚不明确三种观点。但一般认为，配煤时对灰分、硫分、挥发分、发热量等约束条件要求不是很苛刻时，可以近似地认为具有线性可加性，通过建立线性规划模型求解；反之则认为具有复杂的非线性特征，需要选择专家系统下的数学模型求解。

关于面向订单的煤场配煤优化问题的计算性质，可以把此问题归结为三维易碎物品的多背包问题，因而其求解性质是 NP-难的。在配煤现场复杂、多变、生产线自动化程度高等情形下，精确的、耗时长的求解算法不能够满足实际工作的需要，需要探讨在实际工作中切实可行的、求解速度快的、非精确求解的启发式算法。因此，设计了两种改进的模拟退火算法，从 10 种煤中选取 3 种煤的掺配数据进行试验，平均耗时 0.775 2 s，计算很快但求解效果和稳定性较差。为使优化算法多样性，采用改进的粒子群优化算法计算，平均耗时 0.544 9 s，全部求得最优解，求解效果非常好，足以满足实际工作需要。

当前我国煤炭供应链大多以煤炭供应商为核心，为很好地描述、分析和设计煤炭供应链各节点生产和运作活动及其关系，建立了反映煤炭开采、分选加工、运输等主要环节的煤炭供应链 SCOR 模型，其中第一层建立煤炭供应链的包括计划、采购、配送和退货的流程模型，第二层建立煤炭供应链每一种流程的计划、执行和支持的详细类别模型。

9.2 工作展望

配煤优化的基础和主要依据是配煤与各组成单种煤的主要指标之间的关系，目前存在线性关系、具有复杂的非线性关系、关系尚不明确三种观点。这个问题需要煤化学等相关学科协同努力，共同确定。现阶段相关研究应明确哪些情况下，可以认为配煤主要指标具有线性可加性，或具有复杂的非线性特征，以便选择合适的数学模型与算法进行优化求解。

目前，煤炭供应链相关研究大多以定性研究为主，缺乏严格的可以明确指导以煤炭供应商为核心的煤炭供应链信息传递、流程仿真、过程建模、优化求解等定量研究。为进一步提升煤炭供应链级别的运作效率，需要进一步明确煤炭供应链各节点生产和运作活动及其关系，在煤炭供应链各层 SCOR 模型基础上，对信息传递、流程仿真、过程建模、优化求解等问题，建立能够反映煤炭供应链的包括计划、采购、配送和退货等诸多流程的定量数学模型，为煤炭供应链信息化建设、实施智能化管理奠定一个良好的基础。

参考文献

[1] 周英.采煤概论[M].北京:煤炭工业出版社,2006.

[2] 戴财胜.动力配煤的理论与应用研究[D].北京:中国矿业大学(北京),2000.

[3] 陈庆为.国外洁净煤精配技术在我国的应用及发展前景[J].中国煤炭工业,2009(2):47-48.

[4] 范华挺.电厂配煤技术原则及煤质特性参数的计算[J].煤质技术,2006(5):15-17.

[5] 常爱英,吴铁军,包鑫,等.基于最小二乘支持向量机的动力配煤着火特性预测模型[J].煤炭学报,2010,35(8):1380-1383.

[6] 张新源.我国动力配煤技术发展现状[J].选煤技术,2017(4):98-101.

[7] 张晓萱,黄国和,席北斗,等.电厂优化配煤的不确定性机会约束非线性规划方法[J].中国电机工程学报,2009,29(5):11-15.

[8] 裴贤丰,王晓磊.配煤炼焦[M].北京:中国石化出版社,2015.

[9] 阳春华,沈德耀,吴敏,等.焦炉配煤专家系统的定性定量综合设计方法[J].自动化学报,2000,26(2):226-232.

[10] 郭一楠,王凌,谭德健,等.基于遗传算法和神经网络混合优化的配煤控制[J].中国矿业大学学报,2002,31(5):404-406.

[11] 邓俊,赖旭芝,吴敏,等.基于神经网络和模拟退火算法的配

煤智能优化方法[J].冶金自动化,2007,31(3):19-23.
[12] 孙漾,张凌波,顾幸生.Texaco 水煤浆气化装置配煤模型及其优化[J].化工学报,2010,61(8):1965-1970.
[13] 张振勇,李文华,徐振刚,等.煤的配合加工与利用[M].徐州:中国矿业大学出版社,2000.
[14] SHIH J S, FREY H C. Coal blending optimization under uncertainty[J]. European journal of operational research, 1995,83(3): 452-465.
[15] 高莉,于洪珍,王艳芬.基于多传感器信息融合的选煤厂配煤调度[J].中国矿业大学学报,2004,33(1):99-102.
[16] GUO X J,CHEN M,WU J W. Coal blending optimization of coal preparation production process based on improved GA[J]. Procedia earth and planetary science, 2009,1(1): 654-660.
[17] 李学武.石壕洗煤厂配煤技术研究[J].煤炭工程,2014,46(3):100-102.
[18] 张肖梅.Elman 神经网络在选煤厂配煤中的应用[J].实验室研究与探索,2011,30(9):97-99.
[19] 王永保.动力配煤优化方案的设计及其应用[J].中国煤炭,2003,29(1):45-48.
[20] 胡亚轩,刘建忠,王睿坤,等.配煤对水煤浆性质的影响[J].中国电机工程学报,2012,32(2):31-38.
[21] 刘定平,叶向荣,邓华裕.基于 LSSVM-MODE 的水煤浆生产优化控制[J].华南理工大学学报(自然科学版),2009,37(2):158-162.
[22] 刘定平,叶向荣,邓华裕.基于 LSSVM-MODE 水煤浆优化配煤研究[J].选煤技术,2008,(3):16-20.
[23] 董虎胜,陆萍,钟宝江.基于协同量子粒子群的自动配煤系统

优化[J].制造业自动化,2014,36(1):74-77.

[24] 郭德铭.平顶山煤业集团配煤优化方案研究[D].北京:北京交通大学,2009.

[25] 刘丽敏.肥城煤炭配送中心配煤模型研究[D].青岛:山东科技大学,2011.

[26] 高莉,于洪珍,王艳芬.基于多传感器信息融合的选煤厂配煤调度[J].中国矿业大学学报,2004,33(1):99-102.

[27] 房树琼.盘江矿区销售配煤方案优化研究[D].贵阳:贵州大学,2005.

[28] 孙克雷,孙刚,王娜,等.基于二阶段法的配煤调运系统的设计与实现[J].工矿自动化,2009,35(12):15-19.

[29] 孙云峰,王国华.一种新型煤炭物流节点:"煤炭超市"的生产计划建模[J].物流技术,2007,26(11):94-96.

[30] 魏海坤,徐嗣鑫,宋文忠,等.最小 RBF 网设计的进化优选算法及其在动力配煤过程状态预测建模中的应用[J].中国电机工程学报,2001,21(1):63-67.

[31] 陈鹏.动力煤配煤技术基础[J].煤炭学报,1997,22(5):449-454.

[32] 陈文敏,姜宁.动力配煤主要煤质指标的可加性[J].煤质技术与科学管理,1997(4):30-32.

[33] 刘泽常,高洪阁,陈怀珍,等.动力配煤主要煤质指标可加性的统计验证[J].煤炭加工与综合利用,1999(5):1-4.

[34] 周慧,辛天益,周毅.确定混煤配比方案的灰色优化方法[J].西安矿业学院学报,1999,19(4):343-346.

[35] 何京东,吕一波,张宏波.动力配煤技术及其数学模型[J].黑龙江矿业学院学报,1999,9(4):4-6.

[36] 赵建壮,贾艳丽.平顶山选煤厂采取配煤入洗的实践[J].煤炭加工与综合利用,1999(4):37-38.

[37] 高洪阁,李白英.动力配煤的新模型及其求解[J].中国矿业大学学报,2001,30(6):627-629.

[38] 路迈西,何京东,刘文礼.动力煤与炼焦煤配煤软件的研究[J].选煤技术,2003(5):39-41.

[39] 涂华,吴宽鸿.关于动力配煤数学模型的讨论[J].煤质技术,2005(2):63-65.

[40] 徐君,盛昌栋.混煤煤质特性及其对电厂运行的影响[J].煤炭工程,2006,38(10):86-88.

[41] 孙庶.动力配煤几个主要煤质指标可加性的论证[J].煤炭技术,2009,28(5):164-166.

[42] 王挺.煤炭企业动力配煤优化方案优化方法的研究[J].焦作工学院学报(自然科学版),2003,22(1):62-73.

[43] 王挺,阎磊.基于多目标规划的动力配煤软件[J].河南科技大学学报(自然科学版),2003,24(1):101-104.

[44] 李智,王东.基于改进模拟退火算法的电厂配煤优化[J].煤炭工程,2004,36(9):76-79.

[45] 王运民.电厂混煤燃烧最优掺配比例的确定[J].长沙理工大学学报(自然科学版),2004,1(2):52-55.

[46] 王兆鹏,汪小澄.一种基于数学模型的配煤自动控制系统[J].电力自动化设备,2004,24(11):51-53.

[47] 侯静,赵益坤.动力配煤的数学模型及优化求解[J].太原理工大学学报,2006,37(4):486-488.

[48] 廖艳芬,马晓茜.基于模糊神经网络的混沌优化算法在动力配煤中的应用[J].华南理工大学学报(自然科学版),2006,34(6):117-121.

[49] 董平,李明菊,王鹏,等.基于 Matlab/VB 混合编程的动力配煤优化系统设计[J].洁净煤技术,2008,14(4):85-88.

[50] 张志伟,张文,胡丙升.配煤的计算和自控及工业应用[J].煤

矿机械,2010,31(7):205-207.
[51] 刘永江,高正平,韩义,等.基于粒子群算法的火电厂优化配煤研究[J].锅炉技术,2012,43(5):18-24.
[52] 王雅君,赵寒雪,何京东.动力配煤主要煤质指标可加性的研究[J].应用能源技术,2004(5):15-18.
[53] 王鑫.非线性理论应用于动力配煤燃烧特性研究[D].杭州:浙江大学,2016.
[54] 阮伟,周俊虎,汤龙华,等.优化配煤理论的研究以及配煤专家系统的开发[J].动力工程,1999,19(6):434-437.
[55] 刘泽常,卢宗华,陈怀珍,等.动力配煤的煤质指标与各单煤配比的结构关系[J].煤炭科学技术,2004,32(7):62-64.
[56] 阮伟,周俊虎,程军,等.优化配煤专家系统的构造与应用[J].电站系统工程,1999,15(6):3-6.
[57] 殷春根,周俊虎,骆仲泱,等.人工神经网络方法在优化动力配煤中的应用研究[J].煤炭学报,1997,22(4):343-348.
[58] 汤龙华,周俊虎,曹道卿,等.非线性最优化动力配煤方案技术的研究[J].煤炭学报,1997,22(5):455-459.
[59] 张东峰,阎瑗.浅析生产动力煤矿井的配煤意义与前景[J].山西煤炭,1999,19(1):11-13.
[60] 程军,曹欣玉,周俊虎,等.多元优化动力配煤方案的研究[J].煤炭学报,2000,25(1):81-85.
[61] 阮伟,张伟宁,周俊虎,等.电厂优化配煤多目标机会约束数学模型的建立[J].动力工程,2001,21(1):1090-1092.
[62] 阮伟,周俊虎,曹欣玉,等.优化配煤专家系统的研究及应用[J].浙江大学学报(工学版),2001,35(4):423-426.
[63] 周俊虎,平传娟,刘建忠,等.基于遗传算法的动力配煤模型[J].煤炭学报,2003,28(5):547-551.
[64] 周俊虎,沈彬彬,陈寅彪,等.基于遗传算法的动力配煤方案

的 Boltzmann 优化模型的研究[J].动力工程,2003,23(4):2598-2602.

[65] 高玉峰,李义丰,李丙林,等.电厂配煤系统数学模型的可行性研究[J].长春工业大学学报(自然科学版),2006,27(1):36-39.

[66] 张威.火力电厂优化配煤系统构建及算法研究[J].淮南职业技术学院学报,2016,16(6):14-19.

[67] 欧阳永明,匡亚莉,石常省.动力配煤数学模型的研究[J].江苏煤炭,2004,29(1):56-57.

[68] 陈亚飞,陈怀珍,崔凤海.煤炭行业标准《动力配煤导则》编制说明[J].煤质技术,2006(3):19-21.

[69] 夏季,华志刚,彭鹏,等.基于非支配排序遗传算法的无约束多目标优化配煤模型[J].中国电机工程学报,2011,31(2):85-90.

[70] 彭娟,程健,韩仿仿,等.基于粒子群算法的自动配煤系统多目标优化[J].工矿自动化,2009,35(10):25-28.

[71] 王熙照,贺毅朝.求解背包问题的演化算法[J].软件学报,2017,28(1):1-16.

[72] 玄光南,程润伟.遗传算法与工程优化[M].于歆杰,周根贵,译.北京:清华大学出版社,2004.

[73] KHALILI-DAMGHANI K, NOJAVAN M, TAVANA M. Solving fuzzy multidimensional multiple-choice knapsack problems: the multi-start partial bound enumeration method versus the efficient epsilon-constraint method[J]. Applied soft computing, 2013,13(4):1627-1638.

[74] LIN F T, YAO J S. Using fuzzy numbers in knapsack problems[J]. European journal of operational research, 2001,35(1):158-176.

[75] LIN F T. Solving the knapsack problem with imprecise weight coefficients using genetic algorithms[J]. European journal of operational research, 2008,185(1): 133-145.

[76] Chen S P. Analysis of maximum total return in the continuous knapsack problem with fuzzy object weights [J]. Applied mathematical modelling, 2009,33(7):2927-2933.

[77] 李歧强,丁然,李晓磊,等.流程工业生产调度优化方法[M].北京:科学出版社,2010.

[78] 汪定伟,王俊伟,王洪峰,等.智能优化方法[M].北京:高等教育出版社,2007.

[79] 王凌,刘波.微粒群优化与调度算法[M].北京:清华大学出版社,2008.

[80] 王凌.智能优化算法及其应用[M].北京:清华大学出版社,2001.

[81] 赵怡晴,李翠平.煤炭企业推-拉式供应链战略研究[J].中国煤炭,2008,34(6):38-40.

[82] 陈建生,王立杰.论煤炭企业物流供应链联盟[J].管理世界,2004(11):148-149.

[83] STADTLER H,KILGER C.供应链管理与高级规划:概念、模型、软件与案例分析[M].王晓东,胡瑞娟,译.北京:机械工业出版社,2005.

[84] 庄晖,黄培清,张存禄.SCOR 模型的支持系统[J].工业工程与管理,2005,10(2):86-88.

[85] 赵媛媛,童茜.基于 SCOR 模型的卷烟商业企业供应链风险识别[J].中国商贸,2014(34):163-165.

[86] 揭晖,黄培清,张存禄.基于 SCOR 模型的供应链建模方法[J].工业工程与管理,2004,9(2):11-13.

[87] 徐珺.基于 SCOR 模型的汽车行业绿色供应链管理研究[D].

青岛:中国海洋大学,2013.

[88] 黄丽娟,黄小军.互联网环境下基于 SCOR 模型的中国农产品供应链构建策略[J].广州大学学报(社会科学版),2015,14(7):61-66.

[89] 张秀萍,王婷.基于 SCOR 模型的食品安全管理对我国民族地区农牧业食品供应的启示[J].中央民族大学学报(哲学社会科学版),2015,42(3):62-69.

[90] 李雪,薛晓芳,李晓智.基于 SCOR 和 CPFR 的跨境电子商务物流协同发展研究[J].价格月刊,2016 (3):59-63.

[91] 黄远新,刘娟娟,黄有方.基于 SCOR 模型的物流企业营运和管理评价指标体系[J].上海海事大学学报,2010,31(4):8-12.

[92] 田红英,黄远新.基于 SCOR 模型的物流企业营运与管理评价指标体系研究[J].经济体制改革,2010(4):81-84.

[93] 童健,温海涛.基于 SCOR 模型的供应链绩效评估:一个创新的参数 OFE[J].中国管理科学,2011,19(2):125-132.

[94] 张卫华,邱菀华.基于供应链运作参考模型的供应链多目标绩效优化模型[J].计算机集成制造系统,2012,18(9):2052-2058.

[95] 王浩澂.供应链环境下 BSC-SCOR 联合模型在农产品物流绩效评价中的应用[J].物流技术,2014,33(19):242-246.

[96] 张伟玲.基于 SCOR 模型的供应链协调绩效评价研究[D].兰州:甘肃政法学院,2016.

[97] 陈素.基于 SCOR 模型的中药生产企业供应链风险的识别研究[D].北京:北京中医药大学,2016.

[98] 黄浩岚,温素彬.餐饮供应链可持续发展评价指标体系研究:基于 PP-SCOR 模型[J].财会通讯,2017(17):68-73.

[99] 徐宣国,刘飞,王云飞.基于 SCOR 的制造企业生产物流模型构建及其应用[J].科技管理研究,2013,33(13):233-237.

[100] 郑筠,冯盈.基于 SCOR 模型的作业管理研究及仿真分析[J].工业工程,2013,16(3):65-71.

[101] 王晓歌,贾嘉.基于 SCOR 的农产品供应链运作模型[J].物流科技,2014,37(7):51-53.

[102] 王志刚,杨剑.基于 SCOR 模型利用射频识别技术对油脂物流供应链的优化[J].保鲜与加工,2016,16(1):76-80.

[103] 韩韵.基于 SCOR 模型的 D 公司内部供应链流程再造[D].贵阳: 贵州大学,2016.

[104] 沈雨亮.基于 SCOR 模型的食品制造企业流程再造[D].上海:华东理工大学,2016.

[105] 金晨赫.煤炭配送中心的供应链风险体系研究[D].天津:天津大学,2012.

[106] 赵维熙.基于 SCOR 模型的煤炭行业供应链绩效管理[J].物流工程与管理,2014,36(5):149-151.

[107] 赵维熙.基于 SCOR 模型的锡矿集团煤炭供应链绩效管理研究[D].阜新:辽宁工程技术大学,2014.

[108] 叶君红.基于 SCOR 模型的发电企业供应链一体化风险管理化研究[D].保定:华北电力大学,2015.

[109] 于国梁.S 公司煤炭供应链风险管理研究[D].上海:东华大学,2016.

[110] 莫聪颖.基于 CSCOR-RS 的煤炭供应链风险识别和评价研究[D].淮南:安徽理工大学,2017.

[111] 李琰,李红霞.我国煤炭物流产业评价体系的构建[J].统计与决策,2012(15):182-183.

[112] 庞柒,阮平南,关志强.混合人工蜂群算法求解煤炭物流中的 CVRP 问题[J].现代管理科学,2014(1):72-74.

[113] 魏娟.内蒙古煤炭企业低碳物流网络构建[J].开放导报,2014(1):83-86.

[114] 周茂春,连洁.基于 AHP 和 FCE 的煤炭企业绿色物流绩效评价[J].资源开发与市场,2015,31(10):1179-1184.
[115] 张树,朱莲美.基于层次分析法的煤炭物流节点选址方法研究[J].南京理工大学学报,2015,39(3):301-305.
[116] 李晓利,王泽江.基于改进的灰色神经网络煤炭物流需求预测模型[J].统计与决策,2015(18):82-85.
[117] 陈龙涛,路世昌,郃晓红,等.基于主成分回归分析的煤炭物流成本预测研究[J].资源开发与市场,2015,31(6):641-644.
[118] 丁日佳,罗昊宇.煤炭资源整合背景下我国煤炭物流企业的组织创新[J].经济问题,2015(7):77-80.
[119] 尤美虹,陶君成.我国大宗商品交易物流网络重构:以湖北煤炭为例[J].中国流通经济,2015,29(12):61-66.
[120] 汤希峰,余静.煤炭物流系统体系结构的研究[J].物流技术,2004,23(10):16-18.
[121] 马士华,林勇.供应链管理[M].3 版.北京:高等教育出版社,2011.
[122] 朱曦冉.我国工业供应链核心企业识别分析[J].中国物流与采购,2014(10):68-69.
[123] 吕涛.煤炭供应链的系统结构与协调机制[J].中国矿业大学学报(社会科学版),2009,11(1):74-79.
[124] 于洋,王晓栋,马红伟.疆煤外运煤炭供应链构建研究[J].中国煤炭,2012,38(10):10-13.
[125] 闫丽丽,夏凡,郭妍.煤炭行业供应链协同网络模型构建[J].物流技术,2014,33(17):350-351.
[126] 姜辉.大型煤炭企业供应链结构分析及有序度评价[J].煤炭经济研究,2009,29(4):42-44.
[127] 陈红梅.煤炭物流供应链信息协同共享研究[J].生态经济,2013,29(5):109-113.

[128] 李丹,路世昌,赵球,等.煤炭绿色供应链概念模型研究[J].科技管理研究,2013,33(22):210-214.
[129] 宋彧,刘洪德.基于低碳经济的煤碳企业供应链绩效评价[J].资源开发与市场,2013,29(7):700-703.
[130] 徐玮.供应链营运资金管理的评价指标体系研究:以煤炭行业为例[J].统计与信息论坛,2013,28(5):76-81.
[131] 金飞,李巍巍,胡德建.煤炭企业供应链合作伙伴的评价研究[J].科技管理研究,2012,21(4):90-92.
[132] 彭红军,周梅华,刘满芝.大型煤炭供应链集成决策模型及应用[J].计算机集成制造系统,2009,15(9):1738-1742.
[133] 刘满芝,周梅华,彭红军,等.大型煤炭企业供给系统供应链解构及优化[J].煤炭学报,2009,34(1):139-143.
[134] 朱金艳,魏晓平,彭红军.大型煤炭供应链多目标多阶段优化模型与应用[J].统计与决策,2010(6):72-75.
[135] 彭红军,周梅华.基于复杂需求的煤炭供应链多目标集成优化模型与算法[J].统计与决策,2010(4):35-37.
[136] 吉峰,姚稳,张婷,等.基于改进 MOPSO 的煤炭企业内部供应链优化研究[J].中国矿业大学学报,2016,45(6):1300-1306.
[137] 彭红军,周梅华,刘满芝.两级生产不确定的煤炭供应链均衡供应策略研究[J].管理工程学报,2016,30(2):175-180.
[138] 吕涛,张美珍,刘晓燕.基于供应链的煤炭供应保障影响因素分析与实证[J].统计与决策,2016(1):58-62.
[139] 刘佳,史丽伟.基于贝叶斯网络的港口煤炭供应链脆弱性研究[J].技术经济与管理研究,2016(10):7-15.
[140] 李泉林,苏瑞莹,刘佳.港口主导下煤炭供应链的下游经销商融资决策研究[J].中国管理科学,2016,24(4):121-128.
[141] 彭晨,岳东.基于开放式功能体系的煤炭供应链结构研究[J].煤炭学报,2003,28(3):326-331.